元大阪少年審判所長
永田三郎【著】

少年法講義

〔復刻版〕

武内謙治【解題】

現代人文社

少年法講義　少年審判官　永田三郎

目次

本論

少年法講義

少年審判官　永田三郎

總論

第一章　少年法ノ意義

少年法ニ實質的意義（廣義）ト形式的意義（狹義）トアリ

第一　實質的少年法

實質的意義即廣義ニ於ケル少年法ト云フトキハ少年ニ關スル一切ノ法規ヲ指稱ス苟モ少年ニ關スル法規タル以上ハ單ニ形式的ニ少年法ト名付ケタル法規ノミナラズ民法其他ノ法律ニ於ケル少年ノ後見制度ノ規定小學校令ニ於ケル少年ノ教育ニ關スル規定未成年者禁酒禁煙法ニ於ケル少年ノ禁酒禁煙ニ關スル規定或ハ少年勞働ニ關スル規定孤兒若クハ救貧ニ關スル規定感化法矯正院法其他少年ニ關スル一切ノ法規ハ廣義ニ解セハ總テ之ヲ少年法ト云フヲ得ベシ

第二　形式的少年法

形式的意義即チ狹義ニ於ケル少年法ト云フトキハ國家カ少年法ト命名シタル法律ナリ即チ大正十一年四月十七日法律第四十二號少年法ト題シ發布セラレ大正十二年一月一日ヨリ施行セラレタル現法少年法ヲ指稱ス主トシテ犯罪少年不良少年ノ保護處分刑事處分ニ關スル事項ヲ規定セルモンナリ今解釋ヲ試ミントスハ此形式的少年法ナリ

第二章　少年法ノ地位

第一　少年法ハ公法ナリ

法ニ公法私法ノ別アリ　公法ハ國家相互間若クハ國家ノ個人ニ對スル權力關係ヲ規定セルモノニテ私法ハ個人相互間ノ權利關係ヲ規定シタルモノナリ而〆《シテ》少年法ハ個人關係若クハ平等ナル權利關係ノ如キ私法關係ヲ規定シタルモノニアラズシテ主トシテ國家ノ官廳タル少年審判所若クハ裁判所檢事等ト少年トノ間ノ關係ヲ規定セルモノナルガ故ニ少年法ハ公法ナリト云フヲ得ベシ

第二　少年法ハ實体法ト手續法トヲ混同シテ規定シタルモノナリ

法ハ之ヲ實体法ト手續法トニ分ツヲ通例トス實体法トハ權力又ハ權利ノ本体ニ關スル事項ヲ

規定シ手續法トハ其實体法ニ定メラレタル權力又ハ權利ノ運用ニ關スル事項ヲ規定ス少年法ハ第二章第三章ハ實体法ナリト云フヲ得ベキモ第四章第五章ハ少年審判所ノ組織手續第六章ハ裁判所ノ刑事手續ヲ規定セリ去レバ單純ニ少年法ハ手續法ナリ實体法ナリト論ズルヲ得ズ各規定ニヨリテ其條項ガ實体法タルカ手續法タルカヲ定メザルベカラズ

第三　少年法ハ特別法ナリ

法ニ一般法ト特別法トノ區別アリ一般法トハ一般ノ人又ハ普通ノ行爲ニ普ク適用セラルヘキ法律ニシテ特別法トハ或特定ノ人又ハ特定ノ行爲ニ適用スベキ法律ナリ少年法ハ十八才未滿ノ少年ノミニ適用セラルベキ保護處分又ハ刑事處分等ヲ規定シタルモノニテ少年ニ關スル特別法ナリ保護處分ニ付テハ云フヲ要セザルモ刑事處分ニ付テハ本法ノ規定ハ他ノ法規ニ優先シテ適用セラルベキモノトス

第四　少年法ハ純然タル司法法規ニアラズ（刑事處分ニ關スル規定ハ例外ナリ）寧ロ行政法規ノ性質ヲ有スルモノナリ

法ニ司法法規ト行政法規トアリ　司法法規トハ民刑訴訟ニ關スル法規ニシテ民刑訴訟ハ原被兩當事者並ニ裁判所ノ三面的關係アルヲ其特色トス　行政ノ目的ハ憲法第九條ニ明記シ公共ノ安寧秩序ヲ保持シ及臣民ノ幸福ヲ增進スルヲ目的トス　此目的ヲ達スル爲メニ發布セラレタル法規ニシテ行政ニハ訴訟卽原被當事者裁判所ノ如キ三面的關係ヲ有セズ　少年法中刑事處分ニ關スル規定ハ例外ナルモ少年法ノ中樞的規定タル保護處分ハ毫モ訴訟即三面的關係ヲ有セズ保護處分ハ刑事政策ニ立脚シ犯罪行爲若クハ不良行爲ヲ豫防シ社會ノ缺陷ヲ除去シ公共ノ安寧秩序ヲ保持シ社會ノ健全ナル發達ヲ維持シ臣民ノ福利ヲ增進スル行政處分ニシテ之ニ關スル法規ハ行政法規ナリ斷ジテ司法々規ニアラズ主トシテ少年ト國家ノ官廳トノ二面關係ヲ規定シタルモノナリ

然ルニ少年審判所ノ爲ス保護處分ヲ司法處分ナリト誤解シ之ニ論難ヲ試ムルモノアルハ頗ル遺憾ナリ

第三章　少年法ノ目的

少年法ノ目的ハ單純ナル少年ノ救助ニアラズ又單純ナル慈善ニモアラズ刑事政策ニ立脚シ刑罰法令ニ觸ル、行爲ヲ爲シ（犯罪行爲）若クハ刑罰法令ニ觸ル、虞アル（不良行爲）少年ニ對シ保護處分ヲ加ヘ若クハ刑［事］處分ヲ爲シ以テ犯罪ヲ鎭壓豫防シ社會ノ缺陷ヲ除去シ其病的狀態ヲ救治シ以テ社會國家ノ健全ナル發達ヲ維持セントスルニアリ　之ヲ換言スレバ少年法ノ目的ハ一方ニ刑罰權ニ基ケル犯罪ノ鎭壓（刑事處分）ト他方ニ行政權ニ基ク不良行爲乃至犯罪行爲ノ豫防（保護處分）トヲ加ヘ國家社會ノ秩序ヲ維持セントスルニアルモノト云ハザルベカラズ

第四章　少年法ノ解釋

少年法中刑事處分ニ關スル部分ハ例外ナルモ其他ノ大部分ハ所謂行政法規ナルヲ以テ其解釋ニ付テモ刑事法規ト異ナリ嚴格ニ文理解釋ノミニヨリ類推解釋ヲ許サザルモノニアラズ寧ロ立法ノ趣旨ヲ闡明シ徒ラニ法文ノ字句ニノミ拘泥スルヿ《コト》ナク保護處分ノ徹底ヲ期セシムル爲メ常識的ニ解スベキモノトス法文ノ規定ヲ極メテ簡單ニシ自由裁量若クハ認定ノ自由ヲ認メタル跡アルハ之ガ爲メナリト云フヲ得ベシ然レ𪜈《ドモ》明ニ法文ニ反スル解釋ヲ爲シ得ザルハ勿論ナリトス

第五章　少年法ノ効力

少年法ノ効力ハ他ノ法律ニ於ケルカ如ク之ヲ(一)事物ニ關スルモノ(二)時ニ關スルモノ(三)土地ニ關スルモノ(四)人ニ關スルモノト四方面ヨリ觀察スルヲ要ス

第一　事物ニ關スル効力

少年法ガ假リニ純然タル實體法ノ規定ナリトスレハ此説明ヲ要セサルモ少年法ニハ前述セシ如ク手續ニ關スル規定ヲ混スルカ故ニ此説明ヲ爲スモノトス

(1)少年法ハ少年審判所ノ審判ノ手續ニ適用セラルヘキモノナリ

少年ノ保護處分ハ全ク少年法ニ因テ初メテ設ケラレタルモノニテ其保護處分ノ手續モ亦少年法第五章ニヨリテ創設セラレタルナル　刑事民事訴訟法カ普通裁判所ノ刑事民事ノ手續ニ對シ適用セラルルト同シク少年法ハ少年審判所ノ不良少年犯罪少年ノ審判ノ手續ニ適用セラル、モ

ノニシテ審判ノ結果保護處分ヲ爲シ若クハ檢事送致ノ終結處分ヲ爲ス手續ヲ規定セリ

⑵少年法ハ又普通裁判所ノ刑事手續ニ對シ適用セラルルモノナリ

少年法ハ單ニ少年審判所ノ保護處分ノ手續ヲ規定セルノミナラズ普通裁判所ニ對シテモ少年ノ刑事處分ノ手續ニハ本法ヲ適用スヘキコトヲ命セリ（少年法第六章）然レトモ刑事處分ニ付テハ少年法ニ定ムルモノノ外一般ノ例ニヨルヘキ旨ヲモ規定ス（少年法第二條）即チ少年ノ刑事處分ニハ少年法ノ規定ハ優先シテ適用セラルルモ之ニ抵觸セサル點ニ付テハ一般ノ刑事訴設［訟］法刑法ノ規定ニヨルヘキモノトス

尤モ少年ニ對スル死刑無期刑ノ制限不定期刑假出獄ニ關スル規定勞役場留置及人ノ資格ニ關スル刑ノ効力以外ニ付テハ特別ノ理由ニヨリ陸海軍刑法ノ軍人軍屬處屬ノ學生生徒ニ對シテハ少年法ヲ適用セサル旨ヲ少年法第三條ニ規定セリ

第二　時ニ關スル効力

少年法モ亦他ノ一般ノ法律ト同シク其施行ヨリ廢止ニ至ル迄ノ期間ニ於テノミ効力ヲ有ス法

ハ遡ラサルヲ原則トス　然レトモ苟モ保護處分ヲ要スヘキ少年アル時ハ其刑罰法令ニ觸ルル行爲若クハ刑罰法令ニ觸ルル虞アル行爲ハ必シモ施行期タル大正十二年一月一日以後ニアル事ヲ要セス其以前ノ行爲ニテモ可ナリ何トナレバ斯ク解釋セサル時ハ保護處分ヲ設ケタル立法ノ趣旨ヲ徹底セシムル事ヲ得サレハナリ現ニ大正十二年一二月中少年審判所ニ受理シタル案件ハ殆ント其行爲ハ一月以前ノモノタリシニ拘ラス當時保護處分ヲ加ヘタリ

尚新舊法ノ比照ニ關スル規定ナキハ少年法ハ大正十二年ヨリ初メテ施行セラレタルモノナルヲ以テ他ノ手續法等ニ於ケルカ如ク其施行ニ際シ新舊比照等ノ法律關係ヲ生セザレバナリ

第三　土地ニ關スル効力

一國ノ法律ハ原則トシテ屬地主義ニヨリ其國ノ版圖内ニ於テノミ行ハル少年法モ亦我版圖内ニ於テノミ効力ヲ有ス而〆《シテ》

(一) 刑事處分ニ關スル規定ハ例外ナク日本全國ニ於テ其適用ヲ見ル即チ少年審判所ノ設ケアル地ノ裁判所ノミナラズ少年審判所ノ設ケナキ地ノ裁判所ニ於テモ等シク少年ノ刑事處分ニ

付テハ少年法ヲ適用セサルヘカラス

(二) 保護處分ニ關スル規定ハ東京大阪兩少年審判所ニ於テノミ其適用ヲ見ル少年審判所ノ設立廢止管轄ニ付テハ少年法第十六條ニヨリ勅令ノ規定ニ譲リ而〆《シテ》勅令ニ於テハ東京ト大阪トノ二ケ所ニ少年保護審判所ヲ設ケ東京少年審判所ハ東京地方裁判所及横濱地方裁判所所屬ノ區域ヲ包含セシメ大阪少年審判所ハ大阪地方裁判所京都地方裁判所神戸地方裁判所所屬ノ區域ヲ包含セシメタルヲ以テ右區域内ニ於テノミ保護處分ニ關スル規定ノ適用ヲ見ルノ結果トナル

去レハ少年審判所所屬以外ノ地ニ於テハ少年ハ全然保護處分ヲ受ケサルモノナリ(前述セシ如ク少年ヲ刑事處分ニ付スルニハ少年法ヲ適用スルモ(例ヘハ名古屋廣島九州等ニ於テハ少年ハ全然保護處分セサルモノナリ苟モ必要ナリトシテ成立シタル少年法而モ公正ヲ尊ブヘキ法律ガ假令豫算等ノ關係ニヨルトハ言ヒ施行偏頗ニシテ國民保護ノ不公平ヲ實現シツヽアルハ純理上道徳上ハ勿論刑事政策上ヨリ見ルモ頗ル遺憾ナリト言ハサルヘカラス

第四　人ニ關スル効力

屬地主義ノ結果トシテ我版圖ニアル十八歳ニ滿タサル少年ニノミ適用セラル内外人ヲ問ハスト解セサルヘカラス　但シ前述セシ如ク第三條ニ於テ陸海軍刑法ニ掲ケタル者ニ適用セス又國際法ノ原則ニヨリ海外法權者其他ノ例外アルハ勿論ナリトス

本論

第一編　審判

少年法ハ第二章保護處分第三章刑事處分ト相對立セシメテ規定セルヲ以テ本編ヲ保護處分ト題スヘキカ如シト雖保護處分ナルモノハ後ニ説明スルカ如ク審判終結ノ一方法ニ過キサルヲ以テ適切ナラス又少年法ニハ審判ヲ開始シ又ハ審判終結若クハ審理ヲ終ヘタル時等ノ文字ヲ使用シ一定セサルモ本編ニ於テハ保護處分（少年法第二章）並ニ少年審判所ノ組織（第四章）及少年審判所ノ手續（第五章）等ノ審判ニ關スル全體ヲ説明セントスルニアルヲ以テ審判ト題シタルナリ

第一章　審判ノ意義

審判ノ定義ヲ與フルハ困難ナルモ

審判トハ少年ノ事件關係ヲ闡明シ之ヲ法律ニ適用シタル少年審判官ノ意思表示ナリト云フヲ得べシ裁判ガ國家機關タル裁判官ノ意思表示タルト同シク審判モ亦國家機關タル少年審判官ノ意思表示ナリ十八歳未滿ノ少年ノ犯罪行爲乃至不良行爲ノ存否ヲ確メ若シ其存在ナカリシトキハ素ヨリ保護處分ヲ加フルノ必要ナカルヘク又他廳ニ移送スルノ要アル時ハ之カ手續ヲ爲スヘク又刑事政策上保護處分ヲ加フルノ必要アル時ハ少年法第四條所定ノ保護處分ヲ加フヘク又刑事訴追ノ要アル時若クハ新ナル事實ノ發見アル時ハ檢事送致ノ審判ヲ爲スモノトス去レハ審判トハ十八歳未滿ノ少年ノ犯罪行爲乃至不良行爲ヲ明確トシ之ヲ少年法ノ規定ニ適用シタル少年審判官ノ意思表示ナリト云フモ大過ナカルヘシ

第二章　審判ノ性質

裁判ノ基本タル裁判權力所謂司法權ノ發動ニ係ルモノタル事ハ一點ノ疑ナキ所ナリ然レトモ審判ノ基本タル審判權ハ司法權ノ發動ニプラスシテ國家行政權ノ一分派ナリ審判權ハ刑事政策上犯罪ヲ豫防鎭壓シ國家社會ノ秩序ヲ維持シ國利民福ヲ增進セシメントスル行政權ノ發動ナリ故ニ審判權モ亦行政權ノ主體タル國家カ之ヲ有スル事勿論ニシテ國家ハ其機關タル少年審判所少年審判官ヲ設置シテ其行動ヲ規定シ其權利義務ノ範圍ヲ定メ自己歸屬ノ審判權ヲ行使セシム去レハ裁判ハ所謂司法處分ナルモ審判ハ所謂行政處分ナリ國家ハ刑事政策上ノ見地ヨリ犯罪少年乃至不良少年ニ行政上ノ保護處分ヲ加ヘ以テ所期ノ目的ヲ達セントスルニアリテ審判ガ司法處分ヲ爲スニアラスシテ行政處分ヲ爲サントスルニアル事ハ多ク辯明ヲ要セサル所ナリ

審判ノ性質ノ章ニ於テ尚一言スルノ要アリ

普通ニ審判ト云フ時ハ所謂民事訴訟又ハ刑事訴訟ニ於ケル審理裁判若クハ審理判決ノ略語トシテ通俗ニ使用セラレ誤解ノ虞ナキニアラス然レトモ少年法ニ云フ審判ハ毫モ訴訟ノ觀念即審

理裁判ノ觀念ヲ包含セス純然タル行政處分ヲ爲スモノナリ又行政裁判法第十五條ニハ行政裁判所ハ法律勅令ニヨリ行政裁判所ニ出訴ヲ許シタル事件ヲ審判スト規定シ同シク審判ノ文字ヲ使用セリ然レトモ同法中他ノ法條即第九條第十條第十八條等ニ行政裁判所ノ裁判、裁判スベキ事件、行政裁判所ノ判決等ノ文字アリ行政訴訟ノ手續トシテ原告、被告ノ訴訟手續ヲ規定セルコトニヨリテ明白ナル如ク全ク行政ノ裁判ニテ第十五條ノ審判ハ裁判ノ意味ニ使用シタルモノナリ

特許法第八十四條ニモ審判ハ本法又ハ本法ニ基キテ發スル勅令ニ規定スル云云左ニ掲クルモノニ付キ之ヲ請求スルコトヲ得ト規定シ同法第八十六條ニ審判ノ請求ハ云々ト規定シ等シク審判ノ文字ヲ使用シアルモ同法全般ノ規定ヲ通覽スレバ明白ナル如ク特許ノ爭ニ關シ當事者ノ提出シタル書面ニ對シ相手方ヲシテ答辯書ヲ差出サシメ以テ特許ニ關スル裁判ヲ爲スモノニテ特許裁判ノ意味ニ審判ノ文字ヲ使用シタルモノナリ

海員懲戒法第一條ニハ海員ニ海員審判所ノ裁決ヲ以テ懲戒ヲ加フベシト規定シ第七條ニ海員審判所ノ審判ニ關シ此法律ニ規定ナキモノニ付テハ刑事訴訟法ノ規定ヲ準用スト規定シ之亦審判ナル文字ヲ使用セルモ海員ノ過失其他ノ行爲ニ關スル訴訟ニシテ理事官等ノ申請ニヨリ刑事

訴訟法ノ規定ヲ準用シ所謂海員ノ裁判ヲ爲シ裁決ノ結果ニヨリ海員ニ免狀行使ノ禁止、停止、譴責等ノ懲戒ヲ加フルモノナリ

以上行政裁判法特許法海員懲戒法ノ行政ノ裁判、特許ノ裁判、海員ノ裁判ハ孰レモ普通民刑事裁判ト異ナリ特別ノ智識經驗ヲ要スルカ故ニ特別法ヲ規定シ特別ノ機關ヲ設ケテ特別ノ裁判ヲ爲サシムルモノニテ偶々審判ナル文字ヲ使用セルモ全ク裁判ト同意義ニ使用セルモノナリ故ニ審判ナル文字ハ同一ナルモ以上列記シタル如ク訴訟又ハ訴訟ノ形式ニヨル裁判乃至審理判決審理決定ト少年法ニヨリ少年審判所少年審判官ヲ創設シ行政權ノ一分派タル審判權ヲ行使セシムル少年法ノ審判ト其性質ヲ異ニスルコトハ勿論ナリ

又法律取調委員タリシ有名ナル或學者ハ其著書ニ於テ審判權ヲ裁判權ノ作用トシテ説明セリ然レトモ同著書ニ於ケル審判權ハ審理裁判ヲ爲スノ謂ニテ訴訟、指揮權、强制權、認證權ト相對セシメタルモノニテ訴訟ノ審判權ト同意義ニ使用シタルニ過キス去レハ先キニ説明シタル如ク裁判權ノ基本タル司法權ノ發動ニアラスシテ國家行政權ノ一發動トシテ少年法ニ認メタル審判ノ基本審判權ト混同セサルコトヲ要ス

第三章　審判ノ主体

司法權ノ發動タル裁判權ノ主體ハ國家タルト同シク審判權ノ基本タル行政權ノ主體モ亦國家ニシテ國家ハ少年法ニヨリ特ニ少年審判所ナル機關ヲ設置シテ審判ヲ爲サシム去レハ審判ノ主體ハ又少年審判所ナリト云フヲ得ベシ

第一節　少年審判所

少年審判所ノ保護處分ハ司法處分ニアラスシテ行政處分タルコトハ前説明セル所ナリ然レトモ普通一般ノ行政處分ト異ナリ特種ノ行政處分ナリ少年ノ犯罪行爲乃至不良行爲ニ關聯セル行政處分ニシテ刑事政策ニ根底セルモノナリ時ニ或ハ刑事訴追ヲ必要トスルコトアルベク或ハ隔離勾禁ヲ要スルコトアルヘク或ハ疾病治療ヲ要スルコトアルヘク或ハ又强制教育ヲ必要トスルコトアルベク其結果タル少年ノ身體名譽自由等ニ極メテ重大ナル關係アルヲ以テ普通一般ノ行

政官廳ニヨリ少年ノ保護處分ヲ爲サシムルコトヲ得ス故ニ國家ハ少年法ニヨリ少年審判所ナル特別機關ヲ創設シ審判ヲ爲サシムルモノトス而シテ少年法ハ其第十六條ニテ少年審判所ノ設立廢止及管轄ヲ勅令ニ譲リ勅令ハ現今東京及大阪ノ二箇所ニノミ少年審判所ヲ特設シタリ然レトモ斯ハ國家豫算ノ關係ニヨルモノニテ遠カラス増設サルヘキハ疑ナキ所ナリ

第二節　少年審判所ノ職員

少年審判所ニ在リテ審判權ノ實行ニ干與スル總テノモノヲ少年審判所ノ職員ト云フ少年審判官ハ素ヨリ審判ヲ爲スト雖審判資料ノ蒐集其他準備調査ヲ要スベク保護處分ノ執行ニハ觀察ヲモ要スヘク書類ノ調製等モ亦緊要ナルベク少年法第十八條ニテ特設セラレタル少年審判官少年保護司書記孰レモ廣義ニ於ケル審判權ノ實行ニ干與スルモノナリ

第一款　少年審判官

少年審判官ハ審判權實行ノ全部ニ干與スルヲ原則トス審判所ニ於テ受理シタル事件ヲ處理シ審判ノ爲メ必要ナル調査ヲ爲サシメテ審判ヲ爲シ其保護處分ノ執行ヲ命ス

少年審判官タルノ資格ハ判檢事ノ如ク法制上特別ノ制限ナシ只審判權實行ノ職制上相當ノ法律智識ヲ有シ少年ノ保護教養ニ關スル智識經驗ヲ有セサルヘカラサルノミ尤モ少年法第二十一條ハ判事ト少年審判官トハ互ニ相兼任シウルコトヲ規定シタルモノナルガ其之アルカ爲メニ少年審判官ノ任用資格ニ付キ別ニ特例ヲ設ケタルモノニアラズ抑モ判事ハ裁判所構成法ノ規定ニヨリ他ノ官職ヲ兼ネ又ハ他ノ官職ヨリ判事ヲ兼ヌルコトヲ得サルカ故ニ特ニ判事ニ對スル兼任ノ規定ヲ設ケタルニ過キサルナリ只少年審判官ハ其職責上少年ニ保護處分ヲ加フルノミナラス刑事政策ノ徹底ヲ期スル爲メ犯罪事實ヲ認定考駁シ刑事手續ニ關スル法律ノ適用ヲ爲シ相當處置セザルベカラザル場合アルヲ以テ判事ヲシテ少年審判官ヲ兼ネシムルコトハ其運用ヲ期スル上ニ於テ便宜少ナカラサルベシ檢事ニ付テハ判事ノ如ク裁判所構成法ニ制限ナキヲ以テ少年審判官ヲ兼ネシムルモ何等ノ差支ナタ［ク］其便益モ亦却テ前者ニ讓ラサルベシ

少年法第十九條ニハ少年審判官ハ單獨ニテ審判ヲ爲スト規定ス單獨トハ二人以上ノ合議ニ對スル語ニシテ審判ハ裁判等ノ如ク三人又ハ五人等ノ合議制ヲ認メス一人ノ少年審判官ニ於テ其擔任ノ事件ノ審判ヲ爲サザルベカラズ少年事件ノ審判ハ合議制ニ待ツベキ繁雜ノ法理等ヲ要セズ寧ロ少年ニ直接シテ其態度言語心理狀態等ニヨリ得タル少年審判官ノ心證ト少年ガ少年審判官ニヨリテ得タル感化、印象トヲ利用セシムルコトガ單獨制ヲ採用セシメタル重要ナル原因ナルベシ去レバ行政處分ノ性質上其當然ノ結果トシテ其上級監督權ノ作用ニヨル場合ハ格別ナルモ各少年審判官ノ審判ニ付テハ互ニ相干犯シ得サルコト勿論ナリ

少年審判官ハ審判ノ外行政事務ノ管理及監督ヲモ爲ス然レトモ少年審判官二人以上アル時ハ統一ヲ計ル趣旨ヨリシテ上席少年審判官ヲシテ之ニ當ラシム（第二十條）

審判權ノ實行ハ行政處分ヲ爲スニアルモ刑事々務ト密接離ルベカラサル關係ニアルヲ以テ少年審判所ハ司法大臣ノ監督ニ屬セシメラレタリ而〆《シテ》經費ノ許ス限リ少年審判所ハ全國ニ設置セサルヘカラサルカ故ニ其監督ニ便ナラシムル爲メ控訴院長地方裁判所長ニ少年審判所ノ監督ヲ命シウル旨ヲ規定シタルモノナリ（第十七條）

少年審判官ノ定員ハ現在ニ於テハ東京大阪ヲ通シテ八名ナリ

第二款　少年保護司

少年保護司モ亦審判權實行ノ一部ニ干與スルモノニシテ少年法ニヨリ創設セラレタル職制ナリ而〆《シテ》少年法第二十三條第一項ニハ少年保護司ハ少年審判官ヲ輔佐シテ審判ノ資料ヲ供シ觀察事務ヲ掌ルト規定シ少年保護司ノ職責ヲ明カニス所謂調査事務ト觀察事務ナリ

調査、少年審判官カ審判ヲ爲スニ際シテハ其少年ニ對スル事件關係ヲ明確ニスルハ勿論少年ノ性行境遇生立經歷心身發育ノ狀況教育程度成績少年カ惡化スルニ至リタル經路其他萬般ノ調査ヲ爲スニアラサレハ適切ナル保護處分ヲ加フルコトヲ得ズ然ルニ斯カル複雜繁雜ナル調査ハ少年審判官ニ於テ自ラ悉ク之ヲ爲スコトハ極メテ困難ナルノミナラズ宗教家教育家其他少年保護ニ關スル智識經驗アル少年保護司ヲシテ之カ調査ヲ爲サシメ審判ノ資料ヲ提供セシムルニ於テ初メテ少年審判官ハ適當ノ審判ヲ爲シウルモノトス少年保護司ノ調査事務カ審判制度上右ノ如ク重要缺クヘカラサルト同シク少年保護司ハ保護處分ノ執行上觀察事務ヲモ掌ルモノナリ

觀察　觀察トハ少年ニ直接シテ其心身ノ狀況ヲ洞察シ之ヲ指導啓發スルヲ云フ其方法ハ固ヨリ千差萬別ニシテ消極的ニ少年ノ行動ヲ視察スルノミナラズ積極的ニ少年ノ境遇ノ改善ヲ計ラ

シメ又ハ其勉學ノ指導職業選擇等ノ協議ニ與ルハ勿論保護者ニ對シ少年處遇上ノ警告ヲ與フル場合モアルベク或ハ惡癖ヲ矯正スル方法ヲ執ル場合モアルベク或ハ又少年ノ薄志弱行ヲ警メ處世ノ要諦ヲ指示シ啓發セシムル場合モアルベク要ハ少年ヲシテ再ヒ不良行爲ニ陷ラシメス正道ヲ履ミ素行ヲ愼ミ發奮努力セシムル爲メ温情ヲ以テ之ヲ鼓舞奬勵シ以テ監督ノ完璧ヲ期セシムルニ在リ去レハ觀察ハ調査事務ト異ナリ指示事項以外ハ其目的ノ範圍内ニ於テ少年保護司獨自ノ見解ニ基キ指導誘掖スルヲウヘキカ故ニ觀察ハ少年保護司ノ固有ノ職務ナリトサヘ稱セラルル所以ナリ

然レトモ觀察ハ之ヲ監視ト混同セサルコトヲ要ス舊刑法時代ニハ監視ナル制度アリテ受刑者ヲシテ其刑ヲ終リタル後一定ノ期間内司法警察官ヲシテ之ヲ視察セシメタルナリ然ルニ此制度ハ全ク失敗ニ終リ寧ロ有害ナリトシテ現行刑法ニハ全然廢止セラレタリ其失敗ノ原因ハ多々アルベシト雖單ナル消極的視察ト其運用ヲ誤リタルハ蓋シ其重ナル原因タリシナルベシ去レバ若シ觀察スルニ當リ徒ラニ消極的視察ニ止メ指導啓發鼓舞奬勵ノ温情ヲ缺キ之ガ運用ヲ誤ル時ハ無益有害ナル往時ノ監視ト選フ所ナシトノ非難ヲ受クルニ至ルベシ

少年保護司タルノ資格ハ法制上亦何等ノ制限ナシ勿論其職責上少年ノ保護亦ハ教育ニ關シ智

識經驗アルモノナラザルベラザルハ明白ナリ此趣旨ハ少年法第二十三條第二項ニ規定シタリ
少年保護司ハ少年法第十八條ノ規定ニヨリ設ケラレタル少年審判所ノ職員ニシテ官吏ナルモ一方ニハ國家財政ノ關係上多數ノ有給官吏ヲノミ任命スルヲ得ズ他方ニハ事件甚ダ多ク少年保護司ノ事務亦多端ニシテ少數ノ官吏タル少年保護司ノミニヨリテ悉ク事件ノ調査觀察ヲ爲サシムルヲ得ザルガ故ニ教育家宗教家其他ノ篤志家ニシテ保護事業ニ諒解アリ且經驗アル人士ニ少年保護司ノ事務ヲ囑託シ官吏ニアラズシテ少年保護司ノ事務ヲ執ラシムルヲ機宜ニ適シタリト爲シ少年法第二十三條第二項ニ規定シタリ囑託少年保護司之ナリ。
囑託少年保護司ハ公務員ナリ公務員トハ法令ノ規定ニヨリ國家ノ公務ニ從事スルモノヲ云フ任官ノ形式ニヨリテ國家ノ公務ヲ分擔スル官吏モ亦公務員ナリ地方自治團體ノ吏員トシテ公務ニ從事スル公吏モ亦公務員ナリ法令ノ規定ニヨリテ公務ニ從事スル帝國議會又ハ地方議會ノ議員モ亦公務員ナリ都市計劃委員會委員法律取調委員會委員何々審議會委員等モ亦法令ノ規定ニヨリ公務ヲ擔任スルモノニシテ公務員ナリ然レ共官吏ニモアラズ公吏ニモアラズ議員ニモアラズ又委員ニモアラズシテ尚且法令ノ規定ニヨリ國家ノ公務ニ從事スルモノアリ囑託少年保護司ハ其適例ナリ。

囑託少年保護司ハ叙上ノ如ク法令ノ規定ニヨリ國家ノ公務ニ從事スル公務員ニシテ少年審判所ノ職員ナリ其職務權限ハ官吏タル少年保護司ト毫モ異ナル所ナク事件ノ調査觀察ヲ命セラレタル時ハ少年審判所ノ職員トシテ獨立シテ少年保護司ノ權限ヲ行使シ得ベク且其職務ヲ盡サザルベカラズ然ルニ往々誤解スルモノアリト聞ク囑託少年保護司ハ少年保護司トシテノ職權ヲ有スルモ官吏ニアラズ囑託ナルガ故ニ職務ヲ盡ス義務ナク之ヲ怠タルモ差支ナシト爲スモノノ如シ誤解モ亦甚タシト云フベシ職權職務ハ必ズ常ニ相伴フベキモノニシテ職權ヲ有スルニ拘ラス職務ヲ有セストノ理アルベカラザレバナリ囑託少年保護司ハ官吏ニアラザルヲ以テ官吏服務規律ヲ以テ律セラルコト無シト雖官吏ト同樣國家ノ公務ニ從事スルモノニシテ少年保護司トシテノ權限ヲ行使シウルト同時ニ誠實ニ其職務ヲ盡ササルベカラザル事ハ毫モ疑ナキ所ナリ去レバ囑託少年保護司モ亦官吏タル少年保護司ト同樣ニ大正十二年一月一日付司法大臣ヨリ發セラレタル訓令少年保護司執務心得ヲ遵守セザルベカラザル事勿論ナリ。

囑託少年保護司ノ地位ヲ研究スルハ之ヲ官吏ト比較シテ考察スルヲ便宜トス。

官吏トハ任官ノ形式ニヨリ特別服從關係ノ下ニ立チ國家ノ公務ヲ擔任スル義務ヲ負フモノナリ官吏ノ任命ハ大權ノ發動ニヨリ特別ノ服從關係ノ下ニ立ツモノニテ私法上ノ法律行爲即契約

ニヨリ生ズルモノニアラズ素ヨリ本人ノ欲セザルニ拘ラズ其意思ニ反シテ强制的ニ官吏トシテ任命スルヲ得ズ本人ノ意思ニ基キ任命スルモノタリト雖決シテ私法上ノ契約ニ基クモノニアラズ本人ノ意思ヲ參酌シ國家ガ公法上ノ行爲ニヨリ官吏トシテ任命シ特別權力服從關係ノ下ニ立タシムルモノナリ囑託少年保護司ハ官吏トシテノ任命ナシト雖決シテ私法上ノ契約ニ基クモノニアラズ官吏關係ヲ生ズル行爲ガ公法上ノ行爲ニシテ大權ノ發動タルト同ジク囑託少年保護司ノ關係ヲ生ズル行爲即チ囑託ナルモノモ大權ノ發動ニ基クモノニテ公法上ノ行爲ナリ本人ノ意思ヲ參酌シ國家ガ囑託ノ形式ニヨリ特別權力服從關係ノ下ニ立タシメ國家ノ公務ニ從事セシムルモノナリ囑託少年保護司ハ彼ノ單純ノ私法上ノ契約ニ基ク帝國大學又ハ各省等ノ外國人ノ雇入其他私法上ノ法律行爲ニヨリ國家ガ人力ヲ使用スルモノノ如キモノト同一視スルヲ得ズ彼等ハ何等特別服從關係ニ立タザルモ囑託少年保護司ハ大權ニ基ク命令權ノ作用タル少年保護司執務心得ナル特別規律ニ服從スベキモノニテ官吏ノ特別服從關係トハ只程度ノ差アルニ過ギザルノミ玆ニ特別服從關係ト稱スルハ即チ一般服從關係ニ對比セシモノニテ彼ノ兵役ノ如キ又ハ訴訟ニ於ケル證人供述義務ノ如キハ等シク國家ノ公務ヲ奉ズルモノナルモ斯ハ一般臣民ノ服從關係ニ基クモノナリ即チ一般臣民ハ必ズ兵役ノ義務ヲ負擔シ證人トシテ出廷供述ノ義務アルモノ

ナリ然レ共官吏又ハ囑託少年保護司ハ右一般臣民ノ服從義務ヨリ生ズル當然ノ結果ニアラズシテ公法上ノ行爲タル任官又ハ囑託ノ形式ニヨリ國家ノ公務ニ從事セシメラルルモノニテ囑託モ任官ト同ジク大權ノ發動ニ基クモノニテ私法上ノ關係即平等關係ニ基クモノニアラザルナリ。官吏ハ多ク俸給ヲ受クルモノナルモ俸給ノ有無ニヨリテ官吏タルト否トヲ區別スルヲ得ズ官吏ニモ無給ノモノアリ名譽職ノモノアリ只官吏服務規律第十七條ニ服務規律ハ高等官判任官其他俸給ヲ得テ公務ヲ奉スルモノニ適用スト規定セリ囑託少年保護司ハ固ヨリ無給ナルモ公法上ノ行爲ニヨリ公務ニ從事スルモノナル事ハ官吏ト異ナル事ナシ元來官吏ハ國家ニ對シ忠實ノ義務ヲ負ヒ全力ヲ擧ゲテ國家ノ公務ニ從事セシムルヲ本則トス然シナガラ官吏ト雖時トシテハ名譽職トシテ自己本務ノ傍ラ公務ヲ帶ハシムルモノナキニアラズ此ノ如ク自己本務ノ傍ラ公務ニ携ラシムルヲ以テ却テ本來ノ目的ヲ達セシムル場合アリ囑託少年保護司ハ官吏ニアラズト雖國家ニ對シ忠實ノ義務ヲ負フベキモノナル事ハ論ナキ所ナリ只官吏ノ如ク自己全力ヲ擧ゲテ公務ニ從事スル事少ナク寧ロ自己本務ノ傍ラ其餘力ヲ以テ名譽職トシテ保護司事務ニ從事セシムルモノニテ官吏ノ如キ煩雜ナル服務規律ニ服セシメズ去レバ自己本務ノ傍ラ餘力ヲ以テ公務ニ服スルモノナルガ故ニ官吏ニ比シ其服務ノ分量ハ一般ニ少ナシト雖其服務ノ本質ニ於テハ毫モ輕重ノ差アル事ナシ。

官吏ノ義務トシテ第一ニ擧グベキハ服從義務ナリ官吏ノ國家ニ對スル服從義務ハ無限ノモノタル事明白ニシテ官吏ノ受ケタル命令ガ之ヲ發シタル機關ノ正當ノ權限ヲ越ヘサル以上ハ下級官吏ハ其命令違法ナリト信ズルモ之ヲ遵奉セザルベカラズ囑託少年保護司モ固ヨリ國家ニ服從スル義務アル事勿論ニシテ命令ヲ發シタル機關ノ正當ノ權限ヲ越ヘザル以上ハ少年保護司トシテ命令ヲ遵奉セザルベカラズ官吏ニハ又忠誠ノ義務アリ官吏ハ上官ノ命令ヲ遵奉スル外ニ積極的ニ自己ノ力ノ及ブ限リニ於テ國家ノ利益ヲ計ルト同時ニ又消極的ニ國家ノ利益ヲ害スベキ行爲ヲ避ケザルベカラズ即チ積極的ニ全力ヲ盡シテ國家ノ利益ヲ計ルベク而モ其積極方面ノ範圍ハ到底法規ヲ以テ一々之ヲ規定スルニ由ナク只職務ノ内外ヲ問ハズ廉耻ヲ重ンジ貪汚ノ行爲ナク謹愼懇切タルベク官吏ノ品位ヲ保ツベキ旨ヲ官吏服務規律ニ規定セリ其消極的方面ハ一ハ秘密ヲ守ルノ義務ニシテ秘密ハ單ニ自己ノ職務ニヨリテ聞知シタル事項ニ限ルヘキニアラズ廣ク秘密ヲ守ルヘキ事項ヲ他ニ漏洩セサルコトヲ包含ス他ハ誠實ニ職務ノ執行ヲ妨クル行爲ヲ避クルノ義務アリ瀆職ノ如キハ此義務ヲ盡サザルノ結果ナリ囑託少年保護司モ官吏ニアラスト雖國家ニ對シ積極的ニ忠誠ノ義務アルコトヲ拒ムモノアラサルベク少年保護司執務心得ニモ常ニ公

平無私親切叮嚀ヲ旨トシ以テ所謂少年保護司ノ品位ヲ保ツヘキ趣旨ヲ規定シ更ニ又消極的ニ能ク秘密ヲ守リ人ノ名譽ヲ毀損セサルコトニ注意スヘキコトヲ命スルノミナラス囑託少年保護司ニシテ誠實ニ職務ノ執行ヲ妨クル行爲ヲ避クルノ義務ニ違犯シ收賄其他瀆職ノ行爲アランカ公務員ノ收賄又ハ瀆職罪トシテ特ニ刑法ニ詳密ナル規定アリテ官吏ト同シク嚴重ニ處罰セラル

官吏ハ俸給ヲ受クルノ權費用ヲ受クルノ權特別ノ保護ヲ受クルノ權並ニ榮譽權ヲ有ス官吏ハ全力ヲ盡シ官職ニ掌鞅シ他ヲ顧ミルヲ得サルカ故ニ官吏ノ地位ニ相當スル生活ヲ爲サシムル爲メニ俸給ヲ支給ス俸給ハ職務ニ對スルノ報酬ニアラスシテ官吏ノ地位ニ應スルノ生活ヲ爲サシムル爲ノ賃料ヲ給スルモノニテ無給ノ官吏アルコトハ前述セリ囑託少年保護司ハ多クハ他ニ本務アリ其餘力ヲ以テ少年保護司ノ事務ニ從事セシムルモノニテ自己ノ地位ニ應スルノ生活ヲ爲スノ資力アルモノト認メ俸給ヲ支給セス名譽職トシテ國家ノ事務ニ從事セシムルモノナリ又官吏カ特ニ公務ノ爲メニ必要トスル費用ハ國家ニ於テ之ヲ支給セサルヘカラス旅費日當等ノ如シ俸給トハ全然別異ノ觀念ニ出テタルモノニテ俸給ナキ官吏名譽職等ニモ旅費日當等ヲ支給ス實費支給一定額支給等ノ如キモ費用辨償タルコトハ同一ナリ囑託少年保護司ハ無給ナルモ認可ヲ受ケテ出張シタル時ハ俸給ト異ナル費用辨償ヲ受クルノ權アルモノトス官吏ハ臣民トシテ一般

ノ保護ヲ受クルノ外其職務ノ執行ヲ妨ケラレサル爲メ直接ニ國家ノ公力ニヨリテ保護セラレ又ハ官吏カ其職務ヲ執行スルニ際シ之ニ抗拒シタルモノニ對シ刑法ノ規定ニヨリ間接ニ保護セラル、モノトス勿論此事タル國家ノ秩序ヲ維持センカ爲メ設ケラレタル規定ニシテ其目的トスル所ハ必竟國家自ラヲ保護スルモノニテ法規ノ反射作用ナルカ故ニ官吏ノ權利ト稱スルハ穩當ナラサルカ如シ囑託少年保護司ハ官吏ニアラスト雖公務員トシテ國家ノ公務ニ從事スルモノナルカ故ニ臣民トシテ一般ノ保護ヲ受クルノ外其職務執行ニ際シ之ヲ妨ケラレル爲メ國家ノ公力ニヨリ保護セラルルノミナラス職務執行ヲ抗拒スルモノアラバ刑法ニ於テ公務員ノ職務抗拒罪トシテ處罰セラレ以テ保護セラル、コトハ官吏ト雖毫モ異ナルナシ

官吏ハ又榮譽權ヲ有ス榮譽權トハ官名ヲ唱ヘ制服其他官職ノ徽章又ハ記號ヲ用ユルノ權ヲ云フ囑託少年保護司モ亦囑託少年保護司タル職名ヲ唱ヘ得ルノミナラズ大正十一年十一月十日勅令第四八八號第三條ニハ少年法第二十三條ノ規定ニヨリ少年保護司ヲ囑託セラレタル者ハ奏任官ノ待遇ト爲スヿ《コト》ヲ得ト規定セラル而モ其員數ニ制限アルヿ《コト》ナシ

官吏ハ其義務違犯ニ對シ懲戒處分ニ附セラル懲戒處分ハ官吏ノ規律ヲ保ツカ爲ニ特別ノ權力關係ニ基キ職務上ノ義務違犯ニ對スル制裁ナリ其制裁ハ輕重ニ從テ譴責罰俸及免官トス即チ義

務ニ違犯シタル官吏ヲシテ將來違犯ヲ再ヒセシメサラシムルハ前者ニシテ官吏ヲ罷免シテ將來官規ヲ紊亂スヘキ分子ヲ排斥スルノ趣旨ニ出ルモノハ後者即チ免官ナリ但シ依願免官ハ本人ノ意思ニ基クモノナルガ故ニ懲戒ニハ値セサルモ單獨ナル免官即チ本人ノ意思ニ關係ナク免官スルハ即最重ノ懲戒處分ナリ囑託少年保護司ハ官吏ニアラサルヲ以テ官吏ニ對スル此種ノ懲戒處分ヲ附スルヲ得ス然レ𪜈《ドモ》囑託少年保護司ニシテ其職務ヲ怠リ其義務ニ違犯シ少年保護司執務心得ヲ遵守セス到底矯正ノ見込ナシト認ムル時ハ特別權力關係ニヨリ官吏カ懲戒罷免トシテ免官セラル、ト同シク囑託少年保護司モ亦本人ノ意思ニ反シテ囑託ヲ解除セラル、ニ至ルヘシ官吏カ其意思ニ基ク所謂依願免官ハ何等懲戒ノ意味ナキモ單純ナル免官ハ本人ノ意思如何ニヨラスシテ爲サル、不名譽ナル懲戒罷免ナリ囑託少年保護司モ本人ノ意思ニ基ク所謂願ニ依ル囑託解除ハ何等懲戒的意味ヲ包含セサルモ單純ナル囑託解除ハ本人ノ意思如何ニヨラスシテ爲サル、カ故ニ不名譽ナル官吏ノ懲戒免官ト同樣ナリ唯囑託少年保護司ハ無給ナルヲ以テ罰俸等ノ制裁ナキニ過キサルノミ又官吏ノ行爲ハ單ニ官ノ規律ヲ紊ルノミナラス國家ノ秩序ヲ亂スヿ《コト》アリ此ノ如キ場合ハ官規ヲ維持スルヲ目的トスル懲戒ヲ以テ足レリトセス別ニ刑法ハ官吏ノ職務上ノ犯罪ヲ規定シテ刑罰ヲ科セリ業務上ノ横領又ハ收賄ノ如シ囑託少年保護司ハ官吏ニアラサルモ公務員ナルヲ以テ其職務ニ關シ犯シタル犯罪ハ官吏ト同シク收賄等ノ瀆職罪業務上ノ横領罪等ニヨリ處罰セラル、コト勿論ナリ又官吏カ其權限ヲ越ヘ一私人ニ損害ヲ與ヘタル時ハ之ヲ賠償セサルヘカラス官吏ハ其權限内ニ於テノミ國家ノ官吏トシテ行動シウルモ其權限ヲ越ユル時ハ一私人ト異ナルナシ去レハ之ニヨリテ損害ヲ受ケタルモノハ他ノ私人ノ爲メニ損害ヲ受ケタル場合ト同シク官吏ニ對シ賠償ヲ求ムル權利ヲ有ス囑託少年保護司モ亦公務員トシテノ權限ヲ越ヘテ一私人ニ損害ヲ加ヘタル時ハ之カ損害ヲ賠償スル義務アルヿ《コト》明カナリ然レ𪜈《ドモ》官吏カ其權限内ニ於テ行動スルハ官吏タル私人ノ行爲ニアラス國家ノ行爲ナレハ假リニ之カ爲メニ損害ヲ受クルモノアリト雖訴願又ハ行政訴訟等ニヨリ國家ニ對シ損害ノ賠償ヲ求ムルハ格別官吏ニ對シテ賠償ヲ求ムルヲ得ス囑託少年保護司モ亦其權限内ニ於テスル行動ハ私人ノ行爲ニアラス法令ノ規定ニヨリ公務員トシテ爲シタルモノニテ國家ノ行爲ナレハ假リニ之カ爲メニ損害ヲ受ケタルモノアリトスルモ囑託少年保護司ハ之カ賠償ノ責ヲ負フノ要ナキコト勿論ナリ

少年保護司ノ定員ハ東京大阪ヲ通シテ十六名ナリトス然レ𪜈《ドモ》囑託少年保護司ハ定員アルコトナシ現在ニ於テモ其數極メテ多ク東京大阪ヲ通シテ數百名ニ上レリ

少年保護司ノ制度カ叙上ノ如ク少年ノ保護改善上極メテ重要ナル地位ヲ占ムルカ故ニ少年法

ノ立法ニ際シ帝國議會ニ於テ少年保護司ノ地位ハ少クトモ少年審判官ト同一タラシメサルヘカラス又ハ少年保護司ヲシテ寧ロ少年審判ノ中樞トシテ働カシメサルヘカラス等論議警告セラレタル所ニシテ少年保護司制度ノ運用ノ如何ニヨリ少年保護制度ノ鼎ノ輕重ヲ問ハル、ニ至ルヘシ意ヲ須ヒサルヘカラス

第三款　少年審判所書記

裁判所書記カ廣義ニ於ケル裁判事務ヲ取扱フト同シク少年審判所書記モ亦審判權實行ノ一部ニ關與スルモノニテ廣義ニ於ケル審判事務ヲ取扱フモノナリ而〆《シテ》少年審判所書記ノ職務ハ少年法第二十四條ニ上司ノ指揮ヲ承ケ審判ニ關スル書類ノ調製ヲ掌リ庶務ニ從事スト規定ス少年保護司ハ審判期日ニ出席スル事ヲ得ト規定シ出席セストモ審判ヲ爲スニ毫モ支障ナシト雖少年法第四十三條第一項ノ規定ニヨレハ少年審判所書記ハ必ス審判期日ニ出席シ審判ニ關スル書類ヲ調製セサルヘカラス尤モ廣ク審判ニ關スル書類ノ調製ヲ掌ルトアルカ故ニ審判期日ニ立會ヒ審判始末書ヲ調製スルノ外少年事件ノ通告受理ノ書類ヲ作製スルハ勿論審判準備ノ爲メニスル

少年本人保護者參考人附添人ノ呼出ニ關スル書類他廳トノ交涉ニ關スル書類等モ亦上司ノ指揮ヲ承ケ調製セサルヘカラス尚少年審判所ハ獨立シタル一ノ官廳ナルヲ以テ會計ニ關スル事務其他ノ庶務ニ從事セシムルノ要アルカ故ニ書記ヲシテ之ヲ掌ラシムルモノトス

第四章　審判ノ客体

審判ノ客体トハ主体ニ對スル語句ニテ審判ノ目的又ハ相手方ト云フニ同シ然レトモ茲ニ相手方ナル文字ヲ避ケタルハ相手方ト云フ時ハ當事者即裁判若クハ訴訟ノ當事者ト誤解サレ易キカ故ナリ審判ハ前述セシ如ク訴訟若クハ裁判ト全然別異ノ觀念ニ基クモノト雖刑事訴訟ノ沿革ヲ參考スル時ハ主体客体ノ觀念ヲ明カニスル上ニ於テ便宜ナルヲ以テ之ヲ一言セン

沿革ニ徴スルニ刑事訴訟ハ昔時ハ孰レモ皆糺問主義ニヨリタルモノニシテ起訴（今日檢事ノ權限）及防禦（被告ノ辯護權抗辯權擧證權）ノ作用ハ悉ク裁判ノ作用ニ吸收セラレ裁判官ハ起訴權防禦權處分權ヲ併有シ訴訟ノ主体トシテ一箇ノ裁判官ヲ認メタルノミ被告ハ寧ロ訴訟ノ客体目的ト認メラレタルニ過キス然ルニ後世ニ及ヒ訴訟ハ何レモ彈劾ノ方式ヲ採ルニ至リ我法制モ亦刑事訴訟法上之ニ則レリ彈劾主義トハ起訴權ハ檢事ニ屬シ防禦權ハ被告之ヲ行使シ獨リ處分權即裁判權ノミ裁判官ニ屬シ檢事被告裁判官ノ三箇ノ訴訟主体ヲ認メタル主義ナリ去レハ沿革ニ徴スル時ハ刑事訴訟ハ糺問主義ヨリ彈劾主義ノ形式ニ進ミタルモノナリ而〆《シテ》糺問主義ハ起訴

防禦處分ノ權ヲ保有シ一ニ職權主義ニヨリ事件審理ヲ迅速ナラシムル利アルモ裁判官ヲシテ獨斷專行ニ陥ラシムル嫌ナキニアラス加フルニ裁判官ニ於テ起訴防禦判斷ノ資料ヲ自ラ蒐集セサルヘカラス負擔重キニ過キ公平ナル裁判ヲ爲シ得サルカ故ニ彈劾主義ニヨリテ三箇ノ主体ヲ認ムルニ至リ前述ノ弊害ヲ矯メン卜期シタルモノナリ審判ハ裁判卜全然其趣ヲ異ニシ訴訟ノ觀念ヲ容レサルカ故ニ勿論彈劾主義ニヨラス又糺問主義ニモヨラス然レ𪜈《ドモ》審判ノ主体トシテ審判官ノミヲ認メ少年ハ審判ノ目的客体タル点ニ於テハ外形上昔時ノ糺問主義ニ彷彿タルモノアルヘシ

要之ニ審判ノ客体ハ少年ナリ然レ𪜈《ドモ》審判ヲ爲スニ於テ多クノ塲合保護者參考人附添人等ヲ取調ヘサルヘカラサル塲合アルヲ以テ之等ヲモ本章ノ下ニ説明セントス

第一節　少年

少年法第一條ハ本法ニ於テ少年ト稱スルハ十八歳ニ滿タサル者ヲ謂フト規定ス少年法ニ於テ保護處分ヲ加フル少年ヲ十八歳未滿ノ少年ト制限シタルモノナリ固ヨリ男女ヲ區別セサルナリ

然レ𪜈《ドモ》他ノ法律ニ於テハ年令ノ制限ハ必シモ其軌ヲ一ニセス

民法ニ於テハ滿二十歳ヲ以テ成年ト爲シ二十歳未滿ノ所謂未成年者ハ完全ナル法律行爲ヲ爲スノ能力無キモノトシ之ヲ爲スニハ其法定代理人ノ同意ヲ得ル事ヲ要スルモノトス（民法第三條第四條）但シ婚姻ニ付テハ特別ノ年令ヲ規定シ男子ハ滿十七歳女子ハ滿十五歳ニ至ラサレハ婚姻ヲ爲ス事ヲ得スト規定セリ私生子認知ニ付テモ亦然リ（民法第七六五條第八二八條第一〇六一條）

刑法ニ於テハ其第四十一條ニ於テ十四歳ニ滿タサル者ノ行爲ハ之ヲ罰セスト規定セリ即チ十四歳未滿ノ者ヲ絶對ニ責任無能力ト爲セリ然レ𪜈《ドモ》我舊刑法ハ之ヲ三段ニ區別シ十二歳未滿ノ者ハ之ヲ絶對ニ處罰セサルモノトシ十二歳以上十六歳未滿ノ者ハ重罪輕罪ニ付テハ是非ノ辯別ノ有無ニ因テ處罰スヘキヤ否ヤヲ決シ十六歳以上二十歳未滿ノ者ハ宥恕減輕ヲ與フルモ常ニ責任能力アルモノト爲シタリシカ現行刑法ハ十四歳以上ノ者ハ完全ニ刑事責任能力ヲ有スルモノト爲セリ

感化法ニ於テハ其第五條第二號ニ十八歳未滿ノ者ニシテ其親權者又ハ後見人ヨリ入院ヲ願出テ地方長官ニ於テ其必要ヲ認メタル者ト規定シ少年法ノ如ク十八歳未滿ヲ以テ其入院年令トス

尤モ在院期間ハ一般ニ二十歳迄トセリ（感化法第六條）

監獄法ニ於テモ十八歳未滿者ニ對シテ種々ノ規定ヲ設ケタリ即チ十八歳未滿ノ者ニ付テハ特ニ設ケタル監獄又ハ監獄内特ニ分界ヲ設ケタル場所ニ拘禁セシメ十八歳以上ノ者ト監房ヲ別異セシムルノミナラス其作業ニ關シテモ十八歳未滿ノ者ニハ特ニ教養ニ關スル事項ヲ斟酌セシメ十八歳未滿ノ受刑者ニハ特ニ教育ヲ施サシメ懲罰等ニ付テモ或程度ノ減食ヲ科スヘカラサル旨ヲ規定シ若クハ特ニ必要ト認メタル場合ノ外十八歳未滿ノ者ニハ六ケ月以上繼續シテ之ヲ獨房ニ拘禁スルコトヲ得ザラシムル等獄内處遇ヲ十八歳以上ノ者ト全然區別セシメタリ（監獄法第二條第十六條第二十四條第三十條第六十一條等）

又諸外國ニ於テモ少年ノ年齢ハ必シモ一定セス保護少年ヲ十六歳未滿トセルモノアリ又十七歳未滿トセルモノ十數ケ國ニ及ビ或ハ二十一歳未滿トセルモノサヘアリト云フ

然レ𪜈《ドモ》我少年法ニ於テハ我國ノ國土氣候一般少年ノ心身ノ發育程度並ニ監獄法感化法等ノ規定ヲ參酌シ以テ保護少年ヲ十八歳未滿ト限定シタルモノナリ

年齢ノ算定ハ一般法ノ規定ニヨリ生年月日ヨリ起算シ十八歳ニ滿ツル應當月日ノ前日午後十二時ヲ限リトス去レバ假リニ少年審判所ニ於テ事件ヲ受理シタル際ハ十八歳未滿ナリシモ其

審判時ニ十八歳ニ滿チタル時ハ最早本法ニ於ケル少年ト云フヲ得ザルガ故ニ之ニ對シ少年トシテ保護處分ヲ加フルヲ得ザルベシ

本法ニ於ケル少年ハ十八歳未滿ト規定シ其上位ヲ制限シタルモ其下位ハ之ヲ制限セズ去レバ十四歳以下十二歳十歳八歳六歳ノ如キ幼年ト雖本法ニヨル少年ト云フヲ得ベク之等ニ對シテモ保護處分ヲ加フルヲ得ベシ（素ヨリ地方長官ノ送致ヲ要ス）然シナガラ實際ニ於テ行爲能力意思能力十分ナラザル少年ニ對シテハ保護處分ノ効果ヲ發揮シ得ラレザルガ故ニ眞ノ幼者ニハ其適用ヲ見ルコト多カラザルベシ

又法文ニハ何等ノ制限ナキガ故ニ苟モ十八歳未滿ノ少年ナル以上ハ假令精神低格者ト雖保護處分ヲ加フルヲ得ベシ然レ𪜈《ドモ》精神低格者ニ對シテハ特種教育ヲ施スニアラザレバ到底十分ニ其目的ヲ達スルヲ得ザルニ拘ラズ現今之ニ對シ吾人ノ希望ヲ滿足セシムベキ設備少ナキヲ遺憾トス去レバ今日ノ實際ニ於テハ止ムナク精神低格者ノ内比較的輕微ナル所謂劣等兒最劣等兒若クハ痴愚ノ程度ノ少年ニ對シテモ徒ラニ之ヲ放置スルニ勝レリト爲シ保護處分ヲ加ヘツヽアルガ其効果ノ薄カルベキハ當然ナリ然レ𪜈《ドモ》精神低格ノ程度濃厚ニシテ純然タル白痴並ニ精神病者即狂者ニ對シテハ到底司法保護處分ノ目的タルヲ得ザルガ故ニ是等ノ者ニ對シテハ審判ヲ開

始セズ他ノ行政法ノ處置ヲトラシメ居レリ

少年法ハ審判ノ遂行上少年ノ權利義務ニ付キ何等規定スル所ナシ何トナレバ前述セシ如ク少年ハ審判ノ目的客體ニシテ審判ノ主體ニアラズ審判ハ訴訟ノ觀念ヲ容レズ從テ主體トシテノ權利義務ヲ規定セザルモ少年ノ利益ヲ擁護シ保護處分ヲ徹底セシムルニ於テ毫モ支障ナシト認メタレバナリ只少年法第四十二條第二項ニ於テ少年本人ハ附添人ヲ選任スルコトヲ得ト規定ス然レ圧《ドモ》斯ハ少年ノ權利トシテ規定シタルニアラズ少年審判所ノ許可ヲ受ケタル時ハ之ヲ選任シ得ルモノト爲シ寧ロ任意的規定ナリ少年ノ心身ノ發育不十分ニテ審判ニ際シ其意ノアル所ヲ盡スヲ得ズ又ハ事情ヲ具陳シ得ザル場合アルベキヲ以テ審判ノ正確ヲ期セシムル趣旨ニ出デタルモノナリ

第二節　保護者

保護者參考人附添人ハ少年ノ如ク何レモ審判ノ客體ニアラザルヲ以テ本章審判ノ客體ノ題下ニ説明スルハ聊カ穩當ヲ缺ク嫌ナキニアラズト雖少年審判所ニ於テ少年ニ保護處分ヲ加フル爲

メ審判ヲ開始スル場合等ニ多ク其取調ヲ必要トスルモノナルヲ以テ便宜茲ニ説明スルニ過ギズ

單ニ保護者ト云フ時ハ廣狭二意義アリ狭義ニ於テハ少年ノ保護監督ニ付キ法律上ノ義務ヲ負擔スル者ヲ云ヒ廣義ニ於テハ狭義ニ於ケル保護者ノ外尙單ニ事實上少年ノ保護監督ノ地位ニアル者ヲモ包含ス前者ハ少年ノ父母、尊族親、兄姉後見人戸主等ニシテ民法其他ニ於テ法律上當然保護監督等ノ責務ヲ負擔スル者ヲ云ヒ後者ハ前者ノミナラズ少年ニ理解アル親族姻族雇主師匠親方寄宿舍主下宿主同郷人知人等ニシテ事實上ノ保護監督ノ地位ニアル者等ヲモ包含ス單純ナル親族姻族其他ハ法律上何等少年ノ保護監督ノ義務ヲ負擔スル者ニアラザルモ其好意ニヨリ或ハ情誼ニヨリ若クハ雇傭關係其他諸種ノ契約關係ニヨリ或ハ又社會政策刑事政策ノ見地ニヨリ其少年ヲ理解シ奉仕的ニ事實上少年ヲ保護シ監督スルノ地位ニアルコト多シ尤モ親族姻族其他ノ者ニアリテモ冷酷ニシテ少年ヲ理解セズ少年ノ保護者タルコトヲ肯ンゼザル場合ニ尙之ヲ保護者ナリト强ユルコトヲ得ザルモ其然ラザル者ニシテ現ニ事實上少年ヲ監督シ保護ノ地位ニアル者ハ之ヲ保護者ト認ムルヲ得ベシ少年法ニ所謂保護者ハ即チ此廣義ノ意味ニ於ケル保護者ヲ指稱スルモノナリト解ス

少年審判所ニ於テハ少年審判ノ必要上少年ノ生立從來ノ經歷素行等ノ調查ヲ少年ノ保護者ニ

命ジ又ハ審判ニ際シ之ヲ呼出シ其供述ヲ聽取シ審判ノ結果條件ヲ付シテ少年ヲ保護者ニ引渡スコトアリ少年ガ不良性ヲ帶ブルニ至リタルハ多クハ保護者家庭ノ不良怠慢乃至過失等ノ監督不行届ナリシニ基因スベキガ故ニ保護者ノ取調等ハ少年保護處分ノ遂行上頗ル重要ナル地位ヲ占ムルモノナリ

第一、保護者ノ權利

保護者ノ内狹義ニ於ケル保護者ハ親權其他ノ關係ニ於テ其本然ノ責務トシテ其少年ノ身體上財産上ノ危害ヲ排除シ其安全ヲ防護シ其福利ヲ増進セシムベキ所謂監護權（監督保護）ヲ有スルト同時ニ其義務ヲ負フモノナリ例ヘバ父母戸主等ハ少年ニ居所ヲ指定スル權利ヲ有シ或ハ未成年ノ子ノ兵役出願ニ當リテ許否ノ權利ヲ有シ或ハ職業ヲ營ムニ付キ許否權ヲ有シ或ハ其婚姻養子縁組入嫁其他ニ付キ同意不同意ノ權利ヲ有シ離縁又ハ復籍拒絶ノ權利ヲ有シ扶養又ハ教育ヲ爲ス義務アルト同時ニ其權利アリ例ヘバ民法第八百七十九條ハ親權ヲ行フ父母ハ未成年ノ子ノ監護及教育ヲ爲ス權利ヲ有シ義務ヲ負フト規定シ民法第九百二十一條ハ後見人ハ未成年者ノ

監護及教養ノ責ニ任ジ一定ノ制限下ニ親權者ト同樣ノ權利義務ヲ有スル旨ヲ規定シ其他ノ諸條ニ於テ叙上ノ權利ヲ規定セリ要之ニ父母戸主等ノ保護者ハ少年ニ對シ保護監督扶養教育等ノ本然ノ義務ヲ有スルト同時ニ其權利ヲ有スルモノナリ然レ𪜈《ドモ》民法其他法令ニ規定セル叙上狹義ノ保護者本然ノ權利義務ヲ茲ニ説明セントスルニアラズ少年ノ審判ニ關シ少年法ニ規定セラレタル保護者ノ權義ヲ説述セントスルナリ

而モ少年法ニハ保護者トシテ積極的ニ行動シ審判ノ開始ヲ拒否シ保護處分ニ異議ヲ主張スル如キ權利ヲ認メタルニアラズ只保護者ハ少年ノ利害ト密接ノ關係ヲ有スルガ故ニ法ハ少年ノ保護處分ニ付キ參考資料ヲ提出セシメ意見ヲ陳述セシメ或種ノ通知ヲ受ケ又ハ或種ノ承諾ヲ與フル等寧ロ消極的ノ權利アルコトヲ規定スルニ過ギズ

1、參考資料提出ノ權

保護者ハ從來日夕少年ニ接シ事實上少年ヲ保護シ監督シ來リタル地位ニ在リ且少年ノ利害ト極メテ密接重要ノ關係アリテ多クハ審判ノ資料タルベキ參考材料ヲ有スルコトアルベキヲ以テ保護者ハ少年審判所ノ命ヲ待タズシテ自ラ進ンデ少年審判所ニ對シ參考トナルベキ資料ヲ提出シ得ベキ權利ヲ認メタリ少年法第三十三條第二項ノ規定スル所ナリ少年審判所ガ事實ノ調査ヲ

保護者ニ命ジタル時ハ保護者ハ義務トシテ之ガ調査ヲ爲サザルベカラザルモ少年審判所ノ命令ナク若クハ少年審判所ノ關知セザル事實ニシテ少年ノ保護上參考ト爲ルベキ資料ヲ有スル保護者ヲシテ進ンデ之ヲ提出セシムル所以ノモノハ少年ノ利益ヲ擁護シ保護處分ノ正鵠ヲ得セシメシトスル趣旨ニ外ナラズ

2、附添人ヲ選任スル權

少年ニ對シテハ保護處分ヲ加フルモノニシテ刑事訴訟ニ於ケルガ如ク少年ノ罪責等ヲ問責スルモノニアラザルヲ以テ少年ノ不利益ヲ辯護スベキ必要ナシ然リト雖保護者自身ニ於テ十分事情ヲ開陳シ得ザル場合アリ若クハ少年ガ因循寡默或ハ怯懦又ハ優柔不斷ニシテ少年審判官ニ對シ十分ノ供述ヲ爲ス能力ナク從テ事實ノ眞相ヲ明ニスルヲ得ズ適切ナル保護處分ヲ爲スヲ得ザル場合ノ如キハ保護者ニ於テ少年ノ爲メニ附添人ヲ選任スルコトヲ得ベシ少年法第四十二條第二項ノ規定スル所ナリ豫メ之ガ選任ニハ少年審［判］所ノ許可ヲ要スルモノトス然レ𪜈《ドモ》少年審判所ハ必要アリト認ムル時ハ職權ヲ以テ附添人ヲ附スルコトヲ得ルノミナラズ徒ラニ附添人ヲ付スル時ハ費用ヲ要シ事件ヲ澁滯セシメ審判ヲ遲延セシムル場合ナキニアラザルヲ以テ實際ニ於テハ保護者ヲシテ附添人ヲ選任セシムル場合尠ナカルベシ

3、意見ヲ陳述スル権

保護者ハ少年審判所構成員ニアラザルヲ以テ審判期日ニ當然出席シ得ルモノニアラズ實益アリト認メタル時ニ初テ少年審判所ニ於テ審判期日ニ保護者ヲ呼出スモノナリ豫メ其呼出ニ應ジ出席シタル保護者ハ當然其權利トシテ少年ノ利益ヲ擁護シ其他適切ナル審判ヲ爲サシムルタメニ保護者自身ノ意見ヲ陳述スル權利ヲ認メタリ少年法第四十四條第一項ノ規定スル所ナリ其意見ハ固ヨリ千差萬別ニシテ引續キ保護者自身ニ於テ少年ヲ保護監督スル爲メ少年ノ引渡ヲ請フ場合アルベク保護者自身ニ於テハ最早保護シ得ザルニヨリ他ニ委託又ハ感化院少年院ニ送致セラル、ヲ希望スル場合モアルベク或ハ刑事訴追ヲ希望スル場合モアルベシ要ハ只審判ノ參考ニ資セシメントスルニアリ去レバ保護者ノ陳述スル其忌憚ナキ意見ガ從來保護セラレ其監督下ニ在リテ不良性ニ浚潤スルニ至リタル少年自身ニトリテ其自尊心ヲ傷ケ耻辱ヲ感ゼシメ或ハ保護者ハ冷酷無情ナリト誤解セシメ自暴自棄ニ陷ラシメ保護者ニ對スル反抗心ヲ挑發セシムルコトアルベキヲ以テ其率直ナル保護者ノ意見ヲ少年ニ聽カシムルハ往々保護處分ノ遂行上悪影響ヲ與フルコトアルヲ以テ法ハ此場合ニ原則トシテ少年ヲ退席セシメ例外トシテ差支ナキ場合ニ限リ少年ヲ在席セシムルコトヲ得セシム同條第二項ニ此點ヲ規定セリ

4、或種ノ承諾ヲ與フル權

此權利ハ一般ノ保護者ニ認メタルモノニアラズ少年審判所ニ於テ少年ニ對スル適當ナル保護者ト認メタルモノニノミ附與セラレタルモノナリ所謂犯罪少年ニアラズシテ不良少年即犯罪行爲ヲ爲ス虞アル少年ニ對シ寺院教會保護團體等ニ委託スル場合觀察ニ付スル場合感化院矯正院又ハ病院ニ送致若クハ委託スベキ場合ノミ處分ヲ爲サントスル時ハ適當ナル保護者ナリト認メタル場合ニ限リ其承諾ヲ得ザルベカラズ然レ圧《ドモ》犯罪行爲ヲ爲ス虞アル少年ニ對シ叙上ノ繼續的保護處分ヲ必要トスル場合ハ多クハ不適當ナル保護者ニシテ從來少年ニ對シ故意ニ保護ノ責任ヲ盡サヾルノミナラズ却テ少年ヲ虐待シ使嗾シテ乞食密賣淫其他風敬上有害ナル職業ニ使役スルカ若シ然ラズトスルモ其素行不良ナルカ又ハ家庭圓滿ナラザルカ或ハ溺愛ノ結果事理ヲ解セズシテ放任スル等到底少年ヲ托スルニ適セザル爲メ從來ノ保護者ノ手ヨリ少年ヲ引離シ他ノ監督下ニ置キ指導誘掖セシメントスルニアルガ故ニ之等ハ決シテ適當ナル保護者ト認メ得ザルモノナルヲ以テ此場合ニハ其保護者ノ承諾ヲ經ル必要ナシ然レ圧《ドモ》保護者タル地位ニ在ル者ニシテ少年ノ行方不明ノ爲メ少年ニ對シ保護ヲ加フル能ハザリシ場合モアルベク或ハ單ナル偏見ニヨリ少年ヲ疏外シ放任シテ保護ノ責任ヲ盡サザリシモ飜然悔悟シテ保護ノ責務ヲ痛感スルニ

至レル場合モアルベク其他諸種ノ關係ヲ綜合シ適當ナル保護者ナリト認メタル者アル時ハ其承諾ヲ經ザルベカラズ少年法第五十五條ノ規定スル所ナリ適當ナリト認メラルル保護者ニシテ本條所定ノ少年ニ對スル矯正院感化院送致保護團體委託等ノ保護處分ヲ望マズ自ラ少年ヲ引取リ或ハ其他ノ方法ニテ少年ヲ適當ニ保護善導セントスル者アリタル時ハ少年審判所ニ於テモ强テ其保護者ノ意思ニ反シ叙上ノ繼續的保護處分ヲ加フルノ要ナカルベキナリ

5、或種ノ通知ヲ受クル權

本項ハ嚴格ニ論ズル時ハ何等權利ト稱スベキモノニアラザルガ如ク寧ロ少年審判所ニ對シ法ガ或種ノ通知ヲ保護者ニ爲スベキコトヲ命ジタルニ過ギズ保護者ハ少年ノ利害ニ最モ密接重大ナル關係ラ有スルヲ以テ少年ノ處置ニ付キ保護者ヲシテ關知セシムルハ保護處分ノ執行上便益少ナカラザルベシ即チ保護者ヲシテ少年ノ保護處分ニ付キ前記ノ如ク參考ト爲ルベキ資料ヲ提出セシメ審判ニ際シ附添人ヲ選任セシメ自ラ進ンデ意見ヲ陳述セシムル等ノ機會ヲ與ヘ時ニ或ハ少年ノ引取方ヲ申出ル便宜等ヲ得セシムルノ趣旨ニ出デタリ

（一）少年ヲ同行セシメタル場合ノ通知

少年審判所ニ於テハ直接少年本人ヲ取調ブル必要アリテ呼出狀ヲ發スルモ故ナク應ゼズ或ハ

浮浪徘徊シテ出頭セズ爲メニ少年審判所ヲシテ審判ヲ開始スル能ハザル場合アルヲ以テ少年審判所ハ必要ニヨリ何時ニテモ少年保護司ヲシテ少年本人ヲ同行セシムルコトヲ得ベシ斯カル場合ニ若シ保護者ニシテ之ヲ知ラザルコトアランカ少年ノ利害ニ重大關係アル保護者ヲシテ前記ノ如キ機宜ノ處置ヲ執ルヲ得ザラシムルヲ以テ之ヲ通知セシムルモノナリ

（二）假處分執行ノ通知

少年審判所ニ於テ事件ヲ受理シタル時ハ相當ノ準備調査ヲ爲サシメ審判ノ開否ヲ決定スルモノニシテ之ヲ爲スニハ相當ノ期間ヲ要ス然ルニ少年ガ浮浪癖ニ浸潤シ居リテ各所ヲ流浪シ居所一定セズ若クハ怠惰癖濃厚ニシテ衣食ニ窮シ更ニ犯罪ヲ繰返ス處アリ又ハ盗癖強クシテ之ヲ放任センカ忽チ犯行ヲ重ヌルノミナラズ逃走所在不明ト爲リ保護處分ヲ加フル能ハザル場合等特別ノ事情アル時ハ少年ノ身柄ニ對シ假處分ヲ必要トスル場合多カルベシ即チ少年ヲ寺院教會保護團體又ハ適當ナル者病院等ニ假リニ委託シ少年保護司ノ觀察ニ付シ或ハ感化院矯正院ニ假委託シ又條件ヲ付シテ他ノ保護者ニ假リニ預クルコトラ要スル場合アリ之等ノ假處分ハ少年事件ノ調査進行中少年ヲシテ環境又ハ誘惑等ノ爲メ不良傾向ニ陷ラシメザルト同時ニ審判開始ニ支障ナカラシメントスルニ在リテ極メテ必要ナル處置ナリ斯カル場合ニモ亦之ヲ保護者ニ通知セ

シム

（三）假處分ノ取消變更ノ通知

前項ノ如ク特別ノ事情ニヨリテ少年ノ身體ニ對スル假處分ヲ必要ト爲シタルモ既ニ其事情ノ消滅又ハ其事情ノ變更アリタル時ハ從テ其假處分ヲ取消シ又ハ變更スルノ必要ヲ生ズルコトアルベシ即チ少年ニ對シ保護處分ヲ加フル必要ナキニ至リタル時ハ素ヨリ假處分ノ取消ヲ爲サザルベカラズ又其假處分ガ適當ナラザルコトヲ發見シタル時ハ其假處分ヲ變更スル要アルベシ即チ條件ヲ付シテ假リニ預ケタル保護者ガ素行不良其他ノ理由ニヨリ寺院教會保護團體假委託ニ變更スルノ必要アル場合アルベク又ハ少年ガ甚ダシク逃走ヲ企テ若クハ兇暴ナル爲メ保護團體假委託ヲ變更シテ少年院假委託ト爲スベキ場合モアルベシ或ハ少年ヲ刑事處分ニ付スル爲メ身柄ヲ檢事ニ送致スル場合ニモ假委託ヲ取消スノ必要アルベシ

以上ノ場合ニハ速ニ其旨ヲ保護者ニ通知スベキ旨ヲ少年法第三十九條ニ規定セリ

（四）審判不開始ノ場合ノ假處分取消ノ通知

少年審判所ガ保護司ヲシテ少年事件ヲ調査セシメタル結果少年ニ對スル嫌疑ノ犯罪行爲若クハ不良行爲ノ認ムベキモノナク全然冤罪又ハ人違タルコト明カニシテ少年ニ不良性ナク保護處

分ヲ加フルノ必要ナシト認メタル時ハ審判ヲ開始スルノ要ナク從テ假處分ヲモ取消サザルベカラズ又事件ノ性質上當然保護處分ニ付スベカラザルモノナルコトヲ發見シタル時例ヘバ其事件ガ大審院ノ特別權限ニ屬スルモノナル時又ハ其事件ガ既ニ刑事手續ノ審理中ナルコトヲ發見シタル時ハ固ヨリ審判ヲ開始スベキモノニアラズ豫メ此場合ニ若シ假處分アル時ハ之ヲ取消サザルベカラズ又事件ヲ刑事處分ニ付スル必要アリテ檢事ニ送致スル場合ニモ審判ヲ開始セザルヲ以テ假處分ヲ取消サザルベカラズ斯カル場合ニハ之ヲ保護者ニ通知セシメ以テ保護者ヲシテ爾後適當ナル措置ヲ執ラシメベカラズ少年法第四十一條ノ規定スル所ナリ

（五） 審理終結後事件ヲ檢事ニ送致スル場合ノ通知

前項ト異ナリ審判不開始ノ場合ニアラズシテ少年審判所ガ審理ヲ終結シタル上該事件ガ保護處分ニ適セズ刑事訴追ヲ爲スノ要アリト認メタル時ハ終結處分トシテ該事件ヲ管轄裁判所ノ檢事ニ送致スルノ審判ヲ爲サザルベカラズ此場合ニモ之ヲ少年ノ保護者ニ通知セシム假處分ノ有無ニ關セザルナリ又其事件ニシテ裁判所又ハ檢事ヨリ送致セラレタルモノニ係リ新ナル事實ノ發見ニ因リ刑事處分ニ付スル要アリト認メタル時ハ管轄裁判所ノ檢事ノ意見ヲ求メ事件ヲ管轄裁判所ノ檢事ニ送致スルノ終結處分ヲ爲サヾルベカラズ斯カル場合ニモ少年ノ利害ニ密接ノ關

係ヲ有スル保護者ヲシテ少年ニ對スル右處分ヲ知ラシムルハ極メテ必要ナリ去レバ少年法ハ其第四十七條第三項ニ之ヲ規定シタリ

以上數種ノ通知ヲ少年ノ保護者ニ爲サシムルハ少年ノ保護監督ニ付キ責任アル保護者ヲシテ將來少年ノ利害ニ付キ適當ノ方法ヲ講ズル機會ヲ得セシムル爲メナリ之ガ通知ヲ得タル保護者ハ從來ノ自己ノ怠慢乃至過失ヲ自覺シ一層適切ナル保護ヲ加フルヲ得ベク或ハ身柄ノ引取方ヲ申出ヅベク若クハ刑事處分ノ場合ニハ辯護士ヲ依賴シ得ル等ノ便宜ヲ得セシムル趣旨ニ外ナラザルナリ

第二　保護者ノ義務

狹義ニ於ケル保護者即少年ノ尊族親兄弟姉妹戸主後見人等ハ其本然ノ義務トシテ當然少年ヲ保護シ監督シ扶養シ教育スル義務ヲ負擔スルモノナリ權利ノ說明ニ述ベタル以外ニモ尚民法第九百五十四條ニハ直系血族及兄弟姉妹ハ互ニ扶養ヲ爲ス義務ヲ負フト規定シ民法第七百四十七條ニハ戸主ハ其家族ニ對シ扶養ノ義務ヲ負フト規定セリ然レモ《ドモ》一般保護者ニ於テモ苟モ少年ノ

保護者タルノ地位ニ就キタル以上ハ其雇傭契約タルト或ハ其崇高ナル情誼、好意、同情若クハ社會政策刑事政策ニ基ク奉仕的見地ニ基因スルトヲ問ハズ保護者トシテ本法ニ規定シタル他ノ法令ニ規定シタル下記義務ヲ負擔スベキハ當然ナリ茲ニハ民法其他ノ法令ニ規定セラレタル本然ノ義務以外一般保護者トシテ少年法ニ規定セル義務ヲ略述セントス

（一）事實調査ノ義務

少年審判所ガ審判ノ開否ヲ決スルニ先立チ審判資料ノ調査ヲ爲サシムルハ多クノ場合之ヲ少年保護司ニ命ズルヲ常トス然レ𪜈《ドモ》少年保護司ノ執ル事務ニ限リアリ加之ニ調査ハ之ヲ總ユル方面ヨリ爲サシムルニ於テ事實ノ眞相ヲ捕捉シ得ベシ故ニ少年審判所ハ少年ノ保護者ニ對シ事實ノ調査ヲ命ズル場合アリ即チ保護者ハ從來日夕少年ニ接シ少年ノ過去ノ行動ハ細大トナク知悉シ居ルベキガ故ニ正確ニ少年ノ性癖素行等ヲ知ルニ頗ル便宜ノ地位ニアレバナリ去レバ一般保護者トシテ審判所ヨリ調査ヲ命ゼラレタル時ハ事實ノ調査ヲ爲シ之ガ報告ヲ爲サヾルベカラズ此旨ヲ少年法第三十三條第一項ニ規定セリ

（二）少年審判所ヨリ少年ヲ假リニ預ルノ義務

少年審判所ニ於テ少年事件ヲ受理シ調査完了ノ後審判ヲ爲シ保護處分ヲ加フル迄ノ間ニ相當

期間ヲ要ス然ルニ其間少年ヲシテ無監督ノ儘ニ放置スル時ハ或ハ逃走スルニ至ラシメ或ハ交友不良其他環境ノ爲メ益々不良性ヲ濃厚ナラシムル虞ナシトセズ此場合ニハ審判終結迄少年ヲ假リニ保護者ニ預ケ監督セシムルヲ要スルガ故ニ少年審判所ノ命令ヲ以テ條件ヲ付シ又ハ付セズシテ保護者ニ假リニ預クル〻《コト》アリ此命令ヲ受ケタル保護者ハ終結處分ノ完了スルニ至ル迄之ガ監督保護ノ義務ヲ盡サザルベカラズ少年法第三十七條第一項第一號ノ規定スル所ナリ

(三) 出頭ノ義務

保護者ハ素ヨリ審判所構成員ニアラズ又審判ノ客體ニモアラズ然ルニ法ハ審判期日ニ原則トシテ保護者ヲ呼出スベキ旨ヲ規定セリ審判所ニ於テ調査ヲ完了シ審判ヲ開始シ保護處分ヲ加フルニ際シ少年ニ關スル過去ノ經歴ヲ知悉セル保護者ヲ出席セシムルハ諸種ノ點ニ於テ必要ヲ見ルベシ或ハ審判ノ資料ヲ提供セシメ或ハ保護處分ニ付キ意見ヲ陳述セシムル機會ヲ與ヘシメ或ハ少年ニ對スル訓誡處分ニ立會セシムベク或ハ又誓約書ニ連署セシムルヲ要スル場合モアルベシ故ニ少年審判所ヨリ呼出ヲ受ケタル保護者ハ審判期日ニ出頭セザルベカラズ然レ𪜈《ドモ》保護者ヲ呼出スモ毫モ實益ナシト認メタル時即チ少年ノ保護ニ理解ナク少年ヲ托スルノ資格ナク判斷ノ資料ヲ得ルノ資格ナク意見ヲ陳述セシムルノ價値ナク訓誡ニ立會セシムル等ノ價値ナシト認

メタル保護者ハ之ヲ呼出スラ要セザルナリ少年法第四十三條第三項第四十八條第五十條ノ規定スル所ナリ

(四) 少年ヲ引受ルノ義務

少年法ハ其第四條第一項第四號ニ(條件ヲ付シテ保護者ニ引渡スコト)ナル保護處分ヲ規定シ第五十一條ニハ條件ヲ付シテ保護者ニ引渡スベキモノト認メタル時ハ保護者ニ對シ少年ノ保護監督ニ付キ必要ナル條件ヲ指示シ少年ヲ引渡スベシト規定セリ此規定ニ基キ少年ヲ引渡サレタル保護者ハ之ヲ引受クル義務ヲ負擔スベキコト當然ナリ而シテ此引受ノ義務ハ語頗ル簡單ナルモ内容極メテ重要ナル意義ヲ有ス即チ將來少年ヲ監督保護スルノ外時ニ或ハ少年ヲ扶養スベク教育スベキ場合ナキニアラズ其内容ハ一律ナルベキニアラズ須ク審判所ノ付シタル指示條件ノ如何ニヨルベシ固ヨリ保護者ガ反對ノ意思ヲ表示シ少年ノ引受ヲ肯ンゼザル場合ニ之ヲ强制スベキ手段ヲ法ガ規定セザルヲ以テ其意思ヲ忖度シ尊重スルニアラズンバ到底保護ノ完璧ヲ期スル所以ニアラザルコト勿論ナルモ少年審判所ニ於テ適當ナル保護者ト認メ少年ヲ引渡サレタル者ハ之ガ引受ヲ爲サヾルベカラズ而シテ保護者ハ將來少年ノ保護ニ付キ審判所ヨリ指示セラレタル條件ヲ遵守スベキノミナラズ此引受ノ義務ハ少年ノ監護ニ付キ成績報告ヲ提出スルノ義

務ヲモ附帯スベシ少年審判所ニ於テハ少年ヲ引受タル保護者ガ果シテ指示事項ヲ遵守シ保護監督シ居ルヤ否ヤ少年ガ改悛セルヤ否ヤ等其保護處分後ノ成績ヲ了知スル必要アルヲ以テ保護者ニ對シ其成績報告ノ提出ヲ命ズルコトヲ得ベシ繼續的保護處分ノ場合ノミナラズ一時的保護處分即チ少年法第四條第一項第四號ノ保護處分ヲ爲シタル時ニモ尚且成績報告ノ提出ヲ命ジ得ベシ只實際ニ於テハ單純ナル一時的保護處分ノ場合ニハ成績報告ヲ求ムルコト稀ナルベキヲ以テ此場合ノ成績報告提出ノ義務ハ實現セズシテ終ルコト多カルベシ少年法第五十七條ノ規定スル所ナリ

（五）費用辨償ノ義務

少年ニ保護處分ヲ加フルニ際シ費用ヲ要スルコトアリ例バ少年審判所ニ於テ少年及保護者以外ノ者即參考人ノ取調ヲ必要トスルコトアリ斯カル場合ニハ命令ニ定メタル費用ヲ支給スルコトアルベシ或ハ又少年ヲ寺院敎會保護團體若クハ適當ナル者ニ委託シ又ハ病院ニ送致シ若クハ委託シ費用ヲ要スルコトアリ若クハ少年ヲ矯正院ニ送致シ費用ヲ要スルコトアリ然レ圧《ドモ》之等費用ノ辨償義務ヲ上來記述シタル一般保護者ニ例外ナク負擔セシムルハ頗ル重責苛酷ナルガ故ニ少年法第六十一條ハ保護者ノ内特ニ法律上少年ヲ扶養スル義務アル者ニ限リ之ヲ負擔セシメ

タリ所謂扶養義務者之ナリ抑モ一家相倚リ同族相助ケ來リタル我數千年來ノ家族制度又ハ父子ノ愛。夫婦ノ和。兄弟姉妹ノ友。以テ其習俗ノ大本トセル我道義觀念ニ徵スレバ必シモ法ノ規定ヲ待タズシテ相互扶養ヲ爲スベキハ當然ナレ圧《ドモ》方今道義地ヲ拂ヒ人情輕薄不德不義ノ徒輩出セル時弊ニ鑑ミ單ニ之ヲ道義ニ委セズ民法ニ扶養義務ヲ規定セラレタルモノナリ玆ニ扶養義務者ト稱スルハ民法第七百四十九條第九百五十四條第九百五十五條ニ規定セル如ク

一、少年ノ配偶者(若シアラバ)

二、少年ノ直繼尊屬即父母祖父母但シ養父母繼父母ヲモ包含ス同一ノ家ニ在ルト否トヲ問ハザルナリ

三、少年ノ屬スル戸主　但シ戸主ノ住居指定權ニ服從セザル家族ニ對シテハ戸主ハ此扶養義務ヲ免ルルガ故ニ若シ少年ニシテ戸主ノ意ニ反シ戸主ノ指定シタル居所ニ在ラザル間ハ戸主ハ之ニ對シ扶養ノ義務ラ免ルルモノトス

四、少年ノ配偶者ノ直徑［系］尊屬ニシテ其家ニ在ル者

五、少年ノ兄弟姉妹　同一ノ家ニ在ルト否トヲ問ハズ又養子トナリテ獲得シタル兄弟姉妹ニテモ可ナリ然レ圧《ドモ》制限アリ扶養ヲ受クル必要ガ少年ノ過失ニ因ラズシテ生ジタル時

ニノミ存スルガ故ニ多クノ場合此扶養義務ハ實現セズシテ止ムベシ何トナレバ少年ガ不良ニ陷リタルハ多クノ場合過失以上ニ値スベキヲ以テナリ

而乄《シテ》扶養義務者タリト雖其資力ナキ者ニ對シテハ又如何トモスル能ハザルノミナラズ假リニ多少資力アリ餘裕アリト雖強テ之ヲ誅求スルニ於テハ其結果生活上乃至子女教養上脅威ヲ感ゼシメ社會政策刑事政策上憂フベキ結果ヲ惹起スベキガ故ニ少年法ヲ一貫セル保護思想ノ趣旨ニ背戻スル場合ナキニアラザルヲ以テ其費用ノ徴收ニ付テハ愼重ノ態度ニ出デザルベカラズ從テ法律モ費用ノ一部又ハ全部ヲ徴收スルコトヲ得ト規定セリ只扶養義務者ニ於テ費用辨償ニ付キ綽綽タル餘裕アルニ拘ラズ狡猾ニモ辭ヲ構ヘテ之ガ辨償ヲ免レントスル者アルガ故ニ少年法ハ斯カル場合ニ強制執行ニヨリテ徴收シ得ル旨ヲモ規定シタルモノナリ。

第三節　參考人

少年審判所ハ少年保護司ニ命ジテ少年事件ニ付キ審判準備ノ爲メニ必要ナル萬般ノ調査ヲ爲サシメ又ハ少年ノ保護者ニ事實ノ調査ヲ命シ若クハ保護團体ニ事實ノ調査ヲ委託シ諸種ノ參考

資料ヲ提出セシムルモ尚且參考人ノ取調ヲ爲スニアラザレバ其事件ノ眞相ヲ明ニシ其少年ニ適切ナル保護處分ヲ加フルヲ得ザル場合アルヲ以テ少年法ニモ參考人ノ規定ヲ設ケタリ、單ニ參考人ト稱スル時ハ我國ノ從來ノ立法例ニ依レバ所謂證人鑑定人等ヲ除外シタル關係人ヲ指稱スルモノナリ例ヘバ民事訴訟法刑事訴訟法ニ於テハ參考人ナル者ヲ證人鑑定人ト相對シ之ト併立セシメ證人鑑定人ノ資格ナキ者ニシテ宣誓ヲ爲サシメズ事實參考ノ爲メニ裁判所ニ於テ取調ブルモノヲ參考人ト指稱シ來レリ詳言スレバ民事訴訟ニ於テハ其訴訟外ニ於テ過去ニ實驗シタル事實ヲ供述スル第三者ヲ證人ト云ヒ而モ之ニハ良心ニ從ヒ眞實ヲ述ベ何事ヲモ默祕セズ又何事ヲモ附加セザル旨ヲ宣誓セシム又或特別智識ヲ以テ現在ニ實驗シタル判斷即意見ヲ供述スル第三者ヲ鑑定人ト云ヒ之ニハ公平誠實ニ鑑定スベキ旨ヲ宣誓セシメ而〆《シテ》證人鑑定人共ニ宣誓ニ違背シ虛僞ノ陳述又ハ不實ノ鑑定ヲ爲ス時ハ僞證罪ヲ以テ處罰セラル又證人鑑定人タルニハ其訴訟ト利害關係ノ有無親族關係年少者等ノ各資格ニ制限アリテ宣誓ヲ拒ムヲ得ベク裁判所ニ於テモ證人鑑定人トシテノ宣誓ヲ爲サシメズシテ訊問ヲ爲サザルベカラズ去レバ證人鑑定人トシテノ宣誓ヲ爲サシメザル者ヲ所謂事實參考人トシテ參考ノ爲メニ訊問シ得ル旨ヲ規定セルモノナリ要スルニ民刑訴訟法ニ於テハ

1　證人（證人トシテ宣誓セシメタルモノ）

2　鑑定人（鑑定人トシテ宣誓セシメタルモノ）

3　參考人（第一第二以外ノ關係者）

ノ區別ヲ設ケ各之ニ關スル規定ヲ設ケタルモノナリ

然シナガラ少年法ニ規定セラレタル審判ハ前ニ縷述シタル如ク訴訟法ノ裁判ト全然其趣ヲ異ニスルガ故ニ裁判上ニ於ケルガ如ク宣誓ヲ須エザルナリ總テ國家官廳ノ取調ニ對シ利害ノ有無其他ノ關係ノ如何ニ拘ラズ誠實ニ事實ノ眞相ヲ申述スベキハ勿論ニシテ宣誓ヲ爲シタルト爲サザルト刑罰ノ制裁ノ有無等ニヨリ事實ヲ秘シ言ヲ二三ニシ國家ノ判斷ヲ誤ラシムベキニアラズ少年審判所ノ取調ニ對シテモ亦素ヨリ誠實ニ供述シ鑑定セザルベカラザルハ當然ナリ而〆《シテ》少年法ニハ宣誓或ハ制裁等ノ規定ヲ設ケザルヲ以テ少年法ノ所謂參考人トハ民事訴訟法ノ前記第一、第二、第三ノ全部ヲ包含セシメタルモノト云ハザルベカラズ換言スレバ少年及保護者以外ノ者即チ證人鑑定人タル資格ヲ有スル者ハ勿論其他總テノ關係人ヲ指稱シテ參考人ト認メタルモノト云ハザルベカラズ少年法第三十四條ノ規定ノ字句ニ徴スルモ參考人中ニ所謂證人タルベキモノ鑑定人タルベキモノ等ヲモ包含セシメタル事ヲ窺フニ足ルベシ參考人ハ裁判所ノ呼出ニ應ジ出頭ノ義務アルト同時ニ事實ノ供述ヲ爲シ又ハ鑑定ヲ爲サヾルベカラザルノ義務アリテ其少年事件ニ付キ利害關係ノ有無如何ニ關セザルナリ法ハ參考人ニ右ノ義務ヲ負擧セシムルガ故ニ之ガ爲メニ當然生ジタル出費ヲ國家ガ補償セズシテ參考人ノ自辨タラシムルハ頗ル酷ニ失スルモノアルヲ以テ法律ハ命令ノ定ムル所ニヨリ參考人ヲシテ其費用ヲ請求スルコトヲ得セシメタリ（第三十五條）

第四節　附添人

附添人トハ少年ト共ニ審判ニ立會シ少年補佐ノ地位ニ立ツ者ヲ云フ、

他ノ立法例ヲ案スルニ民法ハ人ノ能力ヲ規定スルニ當リ未成年者ガ法律行爲ヲ爲スニハ其法定代理人ノ同意ヲ得ルコトヲ要スルモノトシ準禁治産者ニハ保佐人ヲ附スルコトヲ得セシメ重要ナル法律行爲ヲ爲スニハ其保佐人ノ同意ヲ得ルコトヲ要スルモノトシ民事訴訟法ニ於テハ補佐人ノ制度ヲ設ケ以テ輔佐人ハ口頭辯論ニ於テ權利ヲ伸張シ又ハ防禦スル爲メ當事者ヲ補助セシメ補佐人ノ陳述ハ當事者又ハ訴訟代理人ガ直ニ之ヲ取消シ又ハ更正セザル時ハ自ラ之ヲ爲シ

タルモノト看倣スト規定シ刑事訴訟法ニ於テハ補佐人ハ被告人ノ爲スコトヲ得ベキ訴訟行爲ヲ獨立シテ爲スコトヲ得ト規定セリ、以上ノ如ク法律行爲若クハ訴訟行爲ニ付キ民法幷ニ民事訴訟法ハ法定代理人、保佐人、又ハ輔佐人ノ制度ヲ設ケタルモ少年法ハ之ト趣ヲ異ニスルガ故ニ附添人ノ制度ヲ設ケ少年輔佐ノ任ニ當ラシム少年審判所ニ於ケル審判ハ少年ヲシテ被告ノ地位ニ立タシムルモノニアラズ何等少年ノ不良行爲乃至犯罪行爲ヲ彈劾スルモノニアラズ從テ保佐人又ハ輔佐人等ノ規定ヲ設ケ少年ノ權利ヲ伸張シ擁護スベキ必要ヲ認メズ然リト雖少年ハ多ク經驗ニ乏シク智能發育十分ナラズ或ハ怯懦若クハ優柔ニシテ充分ノ供述ヲ爲シ其衷情ヲ披瀝シ希望ヲ申述シ得ザル場合アルベキヲ以テ少年審判所ニ於テ必要アリト認メタル時ハ附添人ヲ付スル事ヲ得セシメタリ附添人ハ審判開始ノ場合ニ於テ之ニ立會シ少年ト獨立シテ少年ノ爲メニ事實ノ陳述ヲ爲シ輔佐ノ任務ヲ盡スモノニテ時ニ或ハ少年ノ權利ヲ伸强シ若クハ防禦ヲ爲スコトアルベク或ハ又少年ノ爲メニ冤ヲ雪ギ或ハ又保護處分上ノ意見ヲ陳述スルコトモアルベク法ハ何等之ガ權限ヲ規定セザルモ要ハ只少年輔佐ノ地位ニ立タシムルモノナリ

附添人ヲ選任シ得ル者

一、少年本人、少年本人ガ審判ニ際シ自己ノ地位ヲ輔佐セシムル爲メニ附添人ヲ選任シ得ル

コトハ勿論ニシテ彼ノ訴訟當事者ガ自己代理人ヲ選任シ若クハ辯護人ヲ選任シ得ルト等シク自巳［己］ノ供述ノ足ラザル所ヲ輔佐セシメントスル少年ヲシテ之ヲ選任セシメ得ルハ寧ロ當然ナリ

二、保護者、少年ノ保護監督ノ地位ニ在ル保護者ハ必シモ常ニ審判ニ呼出サルルモノニアラズ去レバ少年自身ノ供述ノミニ不安ヲ感ジ少年ヲ輔佐スル爲メニ附添人ヲ選任セントスルハ少年ノ保護上當然ノ要求ニシテ又情誼ニ適シタルモノナリ又保護者ヲ審判ニ呼出シタリトスルモ保護者自身ニ於テ自己供述ヲ以テ足レリトセズ附添人ヲシテ少年ヲ輔佐セシメントスルハ當然ニシテ法モ亦之ヲ認ム、優柔不斷ニシテ附添人選任ノ機ヲ逸スルコトアルベキ少年ニ比シ一層痛切ニ選任ノ必要ヲ感ゼシムルモノニテ實際上ノ適用ニ於テモ保護者ニ於テ附添人選任申請ヲ爲スコト多カルベシ

三、保護團体、保護團体ハ少年ノ保護事業ニ從事スルモノニシテ審判前ニ少年審判所ヨリ假委託トシテ受託シ收容シテ日夕少年ニ直接シ少年ノ境遇環境其他ニ付キ知悉セルモノニテ該少年ノ保護ノ爲メ附添人ヲ要スルモノト認ムル場合アルベク又若シ現在該少年ヲ假收容シ居ラストスルモ保護團体トシテ曩キニ該少年ヲ保護シタル關係アルカ其他ノ事情ニヨリ少年ヲ輔佐セ

シムル爲メ附添人選任ノ必要ヲ感ズル場合モアルベシ去レバ少年法第四十二條第二項ニ於テ保護團体ニモ附添人選任申請權ヲ附與シタリ然レドモ附添人選任ノ要アルヤ否ヤハ審判所ノ決スル所ニシテ少年審判所ノ許可ヲ受ケテ初メテ附添人ヲ選任シ得ルモノトス蓋シ少年審判所ハ事件ニ付キ保護司ニ調査ヲ命ズルノミナラズ保護者保護團体等ニモ調査報告ヲ命ジ保護資料ヲ提出セシメ保護者參考人ヲ呼出シ其供述ヲ聽キ審判ヲ開始シ保護處分ヲ加フルモノニテ叙上ノ資料ノミニテハ尚適切ナル保護處分ヲ加フルヲ得ズト思料シタル場合ニ附添人選任ヲ許可スレバ足ル若シ然ラズシテ徒ラニ附添人選任ヲ許可スルニ於テハ事件ヲ澁滯セシメ無益ノ費用ヲ要スニ至ルベキヲ以テナリ然レドモ少年審判所ニ於テ必要アリト認メタル時ハ本人ノ爲メ附添人ヲ付シ得ルコトハ同法第一項ノ規定スル所ナルヲ以テ第二項ノ適用ヲ見ルコト少ナカルベシ

附添人タル者ノ資格トシテ(一)辯護士(二)保護事業ニ從事スル者(三)少年審判所ニ於テ許可シタル者ノ三者ニ限定セリ審判ニ於ケル少年ノ附添人ハ訴訟ニ於ケル訴訟代理人辯護人等ト異ナリト雖少年輔佐ノ任務ヲ盡スモノナルガ故ニ相當法律智識ヲ要シ若クハ保護事業又ハ教養等ニ經驗アルモノタルコトヲ要スルヲ以テ如上ニ制限シタルモノナリ

第五章　審判ノ受理（審判ノ端緒若クハ發生）

前章ニ於テ審判ノ主体及客体ヲ説明シタルヲ以テ順序トシテ審判ノ受理ヲ説明スルノ要アルベシ而〆《シテ》茲ニ審判ノ受理ナル語句ヲ採用シタルモ要スルニ少年審判所ニ於ケル事件受理ノ意ニシテ所謂審判ノ端緒發生ヲ意味セルモノナリ然レ共本章ヲ單ニ事件受理ト稱スル時ハ多クハ他廳ヨリ事件ヲ送致セラレ之ヲ受理スル場合ノミヲ指稱スルモノノ如ク誤解セラルルノ處アリテ少年審判所ニ於テ自ラ保護處分ヲ加フベキ事件アルコトヲ認知シタル場合ヲモ包含セシメ得ザル嫌ナキニアラザルガ故ニ審判ノ受理端緒ト題シタルモノナリ

少年審判所ニ於テ事件ヲ受理シ所謂審判ノ端緒ヲ得セシムルニ左ノ六箇ノ場合アリ

第一　通告

通告トハ保護處分ヲ要スベキ不良少年乃至犯罪少年アリトシテ何人ニ限ラズ之ヲ少年審判所ニ告知スル手續ヲ云フ通告ト似テ非ナルモノハ刑事訴訟ニ於ケル告訴及告發ナリ刑事訴訟ニ於ケル告訴トハ被害者即チ犯罪ニ因リテ損害ヲ受ケタル者ヨリ犯罪事實ヲ當該官廳ニ申告スル手續ナリ然レ共少年法ノ通告ハ何人ニ限ラズ社會生存者ノ一員トシテ其反社會性ノ少年ヲ保護善導シ依テ以テ社會ノ脅威ヲ除カシムル爲メノ申告ナリ告訴ハ被害者ノ行使シ得ベキ權利ナルモ通告ハ社會一般人ニ對シ法律カ命シタル義務ナリ少年法第二十九條ハ少年審判所ニ於テ保護處分ヲ加フベキ少年アルコトヲ認知シタル者ハ之ヲ少年審判所又ハ其職員ニ通告スベシト命ジタルモノニテ該少年ノ保護者タルト親族タルト隣人タルト其他ノ第三者タルトヲ問ハズ一般國民ニ對シ通告ノ義務ヲ負擔セシメタルモノナリ盖シ國家社會ノ一員トシテ其共同生存ヲ脅カスベキ反社會性ノ少年ヲ放任スルニ於テハ該少年ガ遂ニ法令ニ違犯シ社會ノ秩序ヲ紊亂シ國家社會ヲ蠹毒スルニ至ルベキヲ以テ之ヲ保護矯正シ國家社會ノ脅威ヲ豫防セシムベキハ寧ロ其國民ノ

責務ナレバナリ又告發トハ等［第］三者ヨリ犯罪アルコトヲ當該官廳ニ申告スル手續ナリ告發ニハ公ノ告發ト私ノ告發トアリ前者ハ官公吏ガ其職務ヲ行フニヨリテ犯罪アルコトヲ認知シ又ハ犯罪アリト思料シタル場合ニ爲スベキ告發ニシテ後者ハ私ガ犯罪アルコトラ認知シ又ハ犯罪アリト思科シタル場合ニ爲ス告發ニシテ告訴告發共ニ犯罪アルコトヲ當該官廳ニ申告スルモノニシテ通告ト全然其趣ヲ異ニスルモノナリ

而シテ少年ノ不良性濃厚ナラザルニ先立チ早期ニ之ヲ發見シテ少年審判所ニ通告シ適切ナル保護處分ヲ加フルニ於テ初メテ其効果顯著ナルヲ以テ通告ヲ利用スベキニ拘ラズ一般社會ニ於テ通告ヲ告訴告發ト混同シ告訴告發ヲ屑シトセザル偏見ヲ移シテ敢テ通告ヲ回避スルノ傾向アルハ頗ル遺憾ナリ

1、通告者

不良少年乃至犯罪少年ノ保護者ハ其少年ノ一身上ノ爲メ若クハ其一家又ハ親族ノ爲メ密接ナル利害關係アルニヨリ之ヲ通告シ得ベキハ勿論其少年ト何等ノ關係ナキ一般人ト雖其社會共存共榮ノ爲メ少年審判所ニ於テ保護處分ヲ加フルノ要アリト認メタル者ハ之ヲ少年審判所ニ通告セザルベカラズ法律ニ於テモ亦通告者ニ對シ何等ノ制限ヲ付スルコトナシ

2、被通告者

不良性アル少年又ハ犯行ヲ爲シタル少年ハ相當保護處分ヲ要スベキモノトシテ通告セラルベキモノナリ犯罪行爲ヲ敢テシタル少年ハ勿論未ダ犯罪行爲ヲ爲サザルモノト雖犯罪行爲ヲ爲ス處［虞］アル少年ハ共ニ之ヲ放任スルニ於テ孰レモ國家社會ヲ脅威スベキモノナルヲ以テ被通告者トシテ指定セラルベキモノナリ

3、通告ノ相手方

通告ノ相手方即通告ヲ受クベキモノハ

一、**少年審判所**

保護處分ヲ加フベキ官廳タル少年審判所ヲシテ審判ラ爲サシムベキ端緒ヲ得セシムルニアルガ故ニ直接少年審判所ニ通告ヲ爲サシムベキハ固ヨリ當然ナリ

二、**少年審判所ノ職員**

審判ヲ爲スベキ官廳ニ通告ヲ爲スベキハ原則ナルモ其手續等ヲ繁雜迂遠ナラシムル時ハ世人ニ於テ通告ヲ利用セザルノミナラズ即チ之ヲ嫌忌スルコトアルベキヲ以テ法ハ便宜ノ爲メ其職員ニモ通告ヲ爲シ得ベキ旨ヲ規定セリ即チ少年審判官少年保護司書記ニモ之ヲ爲スヲ得ベシ就

中官吏ニアラザル少年保護司即チ少年保護司ノ事務ヲ囑託セラレタル所謂囑託少年保護司ニ對シテモ亦通告ヲ爲シ得ベシ囑託少年保護司ハ主トシテ觀察ヲ司ラシムル爲メ多ク少年審判所管内ニ散在スルヲ以テ通告ヲ爲ス者ノ爲メニハ極メテ至便ナルベシ

4、通告ノ方法

一、通告ハ少年審判所ヲシテ審判開始ノ基本ト爲サシムルモノナルヲ以テ其事由ヲ記載シタル書面ヲ提出セシムルヲ以テ本則トス書面ニヨルニアラザレバ之ヲ事件トシテ受理セシムルニ不便ナレバナリ然レ共何等法律上形式ヲ要スルモノニアラズ保護處分ヲ要スベキ事由ヲ記載スルヲ以テ足ル

二、單ニ口頭又ハ電話ヲ以テ通告スルモ可ナリ通告ハ必ズ書面ニヨラザルベカラズトスル時ハ手續繁雜ナリトシテ通告ヲ爲サントスル者ヲシテ之ヲ厭ヒ又ハ差控ヘシムル場合ナキニアラザルガ故ニ便宜口頭ヲ以テ通告シ得ル旨ヲ規定シタリ口頭ヲ以テ爲シ得ルガ故ニ又電話ニテモ差支ナシト解ス然レ共口頭又ハ電話ニテ通告アリタル時ハ少年審判所ノ職員ヲシテ其通告ノ要旨ヲ錄取シ錄取書ヲ作成セシメザルベカラズ何トナレバ通告ハ審判開始ノ端緒タラシムニアルヲ以テ少クトモ通告ノ書面ヲ提出セシムルカ又ハ通告ノ錄取書ヲ作成セシムルニアラザレバ少

年審判所ヲシテ事件トシテ受理セシムルノ手懸リヲ得セシムルコト能ハザレバナリ

5、通告ノ内容

少年審判所ヲシテ該少年ニ對シ果シテ保護處分ヲ加フルノ要アリヤ否ヤヲ判定セシムルニアルガ故ニ通告ノ内容トシテ少クトモ左ノ事項ヲ記載セシムルコトヲ要ス

一、保護處分ヲ要スベキ事由ノ開示

通告セラレタル少年ガ法令ニ觸ルル行爲ヲ爲シタルヤ否［ヤ］法令ニ觸ルル行爲ヲ爲ス虞アリヤ否ヤ其保護者ノ有無保護者ノ監督十分ナリヤ否ヤ等保護處分ヲ要スベキ事由開示スルニアラザレバ事件ノ本態ヲ知ルコト能ハザルヲ以テ此點ヲ開示セシムルヲ要ス

二、少年本人及其保護者ノ氏名住所年齢職業性行等

少年ノ氏名ヲ明カニセザレバ當該少年ノ調査ヲ爲スヲ得ザルベク又其年齢ヲ申立テシムルハ果シテ十八歳未滿ニシテ保護處分ヲ加ヘ得ル資格アリヤ又十四歳未滿ニシテ地方長官ノ送致ノ手續ヲ要スルヤ或ハ又十六歳以上ノ犯罪者ニシテ檢事ノ送致ヲ要スベキモノナルヤ若クハ其少年ガ管轄内ニ居住セルヤ否ヤ其住居又ハ少年ノ職業性行等ヲモ知ル必要アルノミナラズ其保護者ニ就テモ叙上ノ事項ヲ知ルノ必要アルベシ假リニ其少年ガ犯罪行爲ヲ爲シタルモノトスルモ

其性行ノ如何周圍境遇ノ如何ニヨリテハ時ニ或ハ不良性微弱トシテ保護處分ヲ加フルノ要ナキ場合モアルベキヲ以テ之等ヲ申立テシメ事件ノ受理調査上ニ資セントスルニ在リ

三、**其他參考ト爲ルベキ資料**

以上列記ノ外特種ノ事件ニハ保護處分ヲ加フベキ特種ノ事情アリテ參考トナルベキ資料少ナカラザレバナリ

然レ共以上二、三ハ通告者ニ於テ必シモ常ニ之ヲ精確ニ知悉スルコトヲ得ザル場合アルベキヲ以テ法ハ必シモ之ヲ强要セズ成ルベク之ヲ申出デシムルコトトシ其氏名年齡性行等ハ必シモ之ガ申立ヲ要セザルモ一ノ保護處分ヲ要スベキ事由ハ必ズ之ヲ開示セザルベカラズ少年法第三十條ニモ成ルベク本人及其保護者ノ氏名住所云々ト規定シタリ

第二　檢事ヨリノ送致

法令ニ觸ルル行爲ヲ爲シタル少年即犯罪少年ニ付テハ多クノ場合檢擧警察官ニ於テ一切ノ取調ヲ爲シ記錄ヲ整理シテ之ヲ管轄檢事ニ送致シ檢事ニ於テハ刑事政策上或ハ之ヲ起訴シ又ハ保

護處分ヲ加フベキモノト認メタル時ハ事件ヲ少年審判所ニ送致ス地方裁判所檢事ノ管轄ニ屬スル時ハ同檢事正ヨリ又區裁判所檢事ノ管轄事件ニ付テハ同檢事ヨリ孰レモ少年審判所ニ送致スルモノトス少年法第六十二條ニ此趣旨ヲ規定セリ

第三　裁判所ヨリノ送致

少年事件ニ付キ檢事ニ於テハ刑事訴追ノ要アリトシテ裁判所ニ起訴シ公判ヲ請求シタルモ裁判所ニ於テハ審理ノ結果ニヨリ保護處分ニ付スルヲ相當ト認メタル時ハ之ヲ少年審判所ニ送致スベキモノトス少年審判所ニ事件送致ノ決定ヲ爲スベキ裁判所ハ第一審裁判所タルト控訴裁判所タルトヲ問ハザルモ上告裁判所ニ於テハ之ヲ爲ス權限ナシ何トナレバ少年ニ對シ刑事上ノ處分ヲ爲スベキヤ將又保護處分ヲ爲スベキヤハ事實上ノ認定ニシテ所謂事實審理ヲ爲スベキ第一審裁判所及控訴裁判所ニ於テ爲サシムベキハ當然ナリ少年法第七十一條ノ規定スル所ナリ

第四　地方長官ヨリノ送致

十四歳ニ滿タザル少年ニ對シテハ管轄地方長官ヨリ送致アルニアラザレバ審判ニ付スルヲ得ズ從來感化法ノ規定ニヨリ十四歳未滿ノ少年ニ對シ［テ］ハ感化院ニ收容スルト否トハ一ニ地方長官ノ權限ニ委シ來リタル關係ヨリ十四歳未滿ノ少年ニ對シテハ假リニ法令ニ觸ルル行爲ヲ爲シ又法令ニ觸ルル行爲ヲ爲ス虞アルモノト雖少年審判所ノ審判ニ付スベキヤ否ヤハ依然地方長官ノ權限ニ留保シタルモノナリ少年法第二十八條第二項ノ規定スル所ナリ

第五　他廳ヨリノ送致

他ノ少年審判所ヨリ少年所在ノ故ヲ以テ或ハ其他ノ特種ノ事情ニヨリ其廳ニ於テ審判スルヲ妥當ト認ムル故ヲ以テ事件ヲ送致セラレタル時ハ之ヲ受理セザルベカラズ初メ通告檢事送致其他ニテ一旦或少年審判所ニ事件ヲ受理スルモ其後少年ガ住所ヲ他ノ少年審判所管内ニ移シタル等ノ關件ニヨリ住所地ヲ管轄スル少年審判所ニ於テ審判ヲ爲サシムルニ於テ適切ナル保護處分

ヲ加フルコトヲ得ベク又其費用等ヲ節約シ得ルガ爲メ少年所在地ノ少年審判所ニ事件ヲ送致シ處理セシムルヲ適當トスルガ故ニ之ヲ其少年審判所ニ送致スルヲ普通トス

第六　認知

少年審判所ハ以上第一乃至第五ニヨリ事件ヲ受理スル外少年審判所ニ於テ審判ニ付スベキ少年アリト思料シタル時ハ之ヲ認知事件トシヲ［テ］審判受理ノ基礎タラシム尤モ此點ニ就テハ確然タル法令ノ根據アルニアラザルモ今日ノ實際ニ於テ認知事件トシテ受理シ居レリ盖シ法令ニ違背シ又ハ法令ニ違背スル虞アル少年アリテ保護處分ヲ加フルノ必要アルコトヲ少年審判所ニ於テ認知セルニ拘ラズ通告又ハ檢事送致等ナキノ故ヲ以テ徒ラニ之ヲ放任センカ少年法ヲ一貫セル司法少年保護ノ趣旨ヲ徹底セシムルヲ得ザレバナリ少年法第三十一條ニモ幾分此趣旨ヲ規定セリ。

然レ共認知事件トシテ受理スルニモ亦制限アリ即チ大審院ノ特別權限ニ屬スルモノハ審判ニ付セズ又十六歳以上ニシテ罪ヲ犯シタルモノニ付テハ檢事又ハ裁判所ノ送致アルニアラザレバ

審判ニ付セズ十四歳未滿ニ付テハ地方長官ノ送致アルニアラザレバ之亦審判ニ付セザルカ故ニ叙上ニ該當スル事件ハ其儘之ヲ認知事件トシテ受理スルヲ得ズ要スルニ認知事件トシテ受理シ得ルハ

1、法令ニ觸ル、行爲ヲ爲ス虞アル少年(十四歳以上十八歳未滿)

2、十四歳以上十六歳未滿ニシテ罪ヲ犯シタル者

ノ二者ノ範圍ニ限ルモノトス但シ十六歳以上十八歳未滿ニシテ罪ヲ犯シタル者ト雖法令ニ觸ル、行爲ヲ爲ス虞アル者トシテ審判ヲ爲スコトヲ得ベキガ故ニ所謂虞アル事件トシテ認知シ受理スルヲ得ベシ何トナレバ後ニ説明スル如ク法令ニ觸ル、虞アルモノトシテ保護處分ヲ加ヘタルモノナルヲ以テ其犯罪ニ付キ裁判所又ハ檢事ニ於テ刑事上ノ處分ヲ爲スニ毫モ妨ゲザレバナリ

而〆《シテ》認知トシテ受理スル場合ハ多ク

一、他廳ヨリ書類ノ送付アリテ認知スル場合但シ裁判所檢事ヨリ事件ノ送致アリタル場合ヲ除キ單ニ記錄ノ送付ヲ受ケ少年審判所ニ於テ保護處分ヲ加フベキ必要アリト認メタル場合ナリ

二、少年ガ少年審判所ニ出頭シテ保護ヲ求メタル場合此場合ト雖少年審判所ハ單ニ救助ヲ爲

スニアラザルガ故ニ司法保護ヲ要スルモノト認メタル場合ニアラザレバ認知事件トシテ受理スルヲ得ズ

三、新聞紙等ニヨリ少年審判所ニ於テ認知シタル場合

四、廳員ガ少年審判所外ニ於テ認知シタル場合、例ヘバ少年保護司ガ假出獄ノ少年若クバ執行猶豫少年ヲ觀察中其素行等不良ニシテ更ニ保護處分ヲ加フルノ要アリト認メタル場合又ハ假出獄少年執行猶豫少年ニアラズシテ家出市中ヲ徘徊浮浪シ法令ニ觸ル、行爲ヲ爲ス虞アリト認メ若クハ其他ノ事由ニヨリ保護處分ヲ加フルノ要アリト認メタル場合等ヲ云フ尤モ此第四ノ前段即チ假出獄少年執行猶豫少年ヲ觀察中之ニ保護處分ヲ加フル場合ヲ單ニ附加處分若クバ附屬處分ト爲シ改メテ認知事件トスルノ要ナシト論ズル者ナキニアラズト雖吾人ノ贊セザル所ナリ何トナレバ此場合ノ保護處分ハ假出獄執行猶豫ノ附屬的從屬的保護處分ニアラザレバナリ評言スレバ假出獄執行猶豫ノ當然ノ結果トシテ爲ス觀察ハ所謂從屬的ニシテ假出獄執行猶豫ノ期間ヲ經過スレバ觀察モ亦消滅スベシト雖觀察ノミニテハ刑事政策上到底司法保護ノ目的ヲ達スル能ハズトシテ全然新ナル事實ニ基キ審判ヲ開始シ相當ノ保護處分ヲ爲スモノニ係リ此場合ノ保護處分ヲ以テ附加的從屬的處分ト爲スヲ得ズ即チ此場合ニ必要アリトシテ加ヘタル委託保護若

クハ少年院送致等ノ保護處分ハ假出獄執行猶豫期間ノ經過ニヨリ當然消滅スルモノトスルヲ得ズ認知スル原因ハ觀察ニ在リト雖新ナル事實ニヨリ審判ヲ開始シ保護處分ヲ加ヘタルモノニテ假出獄執行猶豫ノ期間ニ拘束セラレ從屬的若クハ條件付ニテ保護處分ヲ加ヘタルニアラザレバナリ加之舊事件タル（カ）何號事件（シ）何號事件ノ舊名ヲ株守スルニ於テハ新ナル事實ニヨリテ審判ヲ開始シ保護處分ヲ加ヘタルニ拘ラズ附屬處分、條件付處分タルノ觀ヲ懷カシムルノ弊アルベシ反對論者ト雖新ナル事實ニヨリ審判ヲ開始シ少年院送致又ハ委託保護ノ要アリトシテ之ガ保護處分ヲ加ヘタルモノニシテ未ダ司法保護ノ目的ヲ達セザルニ拘ラズ慢然假出獄執行猶豫期間經過シタリトノ故ヲ以テ之ヲ放任スベシトスルモノアラザルベシ

少年審判所ニ於ケル事件ノ受理トシテハ以上第一乃至第六ニ限ラル然レ共今日ノ實際ニ於テハ少年審判所ニ於テ受理スル事件ノ大多數ハ第二ノ檢事ヨリノ送致事件ニシテ其以外ノ事件ハ極メテ少數ナリ。

第六章　審判ノ準備

少年審判所ニ於テ少年事件ヲ受理シタル時ハ之カ審判ヲ開始スベキヤ否ヤヲ決スルニ付キ相當ノ準備ヲ爲サザルベカラズ例ヘバ事件ト共ニ身柄ノ送致ヲ受ケタル時若クハ通告、認知事件ニシテ少年ノ浮浪セルモノ等ヲ發見セル時ハ先ヅ應急處置トシテ其少年ノ身柄ノ假處分ヲ爲ス必要アルベク或ハ醫師ヲシテ診察セシムル必要アルベク或ハ又少年保護司ヲシテ該事件ニ付キ萬般ノ調査ヲ爲サシムル等幾多審判ノ準備ヲ爲サヾルベカラズ

第一節　假處分

本法ニ於ケル假處分トハ司法保護處分ヲ完フセシムル目的ヲ以テ審判終結迄少年ノ身柄ヲ假リニ保護者ニ預ケ又ハ保護團体等ニ委託シ若クハ觀察ニ付スル宣言ヲ言フ

少年審判所ハ事件ヲ受理スルモ多クノ場合直ニ之ガ審判ヲ爲スヲ得ズ保護處分ヲ加フベキヤ

否ヤ保護處分ヲ加フベシトスルモ如何ナル保護處分ヲ加フベキヤ等ノ爲メニ必要ナル調査ヲ爲サヾルベカラズ而〆《シテ》之ニハ相當ノ日時ヲ要ス然ルニ少年ニ適當ナル保護者ナキノ故ヲ以テ少年審判所ニ於テ事件ヲ受理スルト同時ニ少年ノ身柄送致ヲ受クルコトアルノミナラズ事件受理後ト雖事情ノ變化ニヨリ少年カ保護者ノ許ヲ脱シテ浮浪シ監督者ノ眼ヲ暗マシテ逃走徘徊スルコトアリ或ハ不良者ト交ハリ不良娯樂ニ耽ルコトアリ斯カル場合ニ若シ之ヲ放任センカ少年ノ所在不明ト爲リテ審判開始ヲ不能ニ陷ラシメ又ハ少年ヲシテ益々犯行ヲ重ネシメ不良傾向ヲ帶バシムルコトアルヲ以テ審判終結ニ至ル迄ノ間少年ノ身柄ニ付キ相當處置ヲ爲サヾルベカラズ之レ即チ假處分ノ必要アル所以ナリ

第一　條件ヲ付シ又ハ付セスシテ少年ヲ假リニ保護者ニ預クルコト

少年審判所ニテ受理シタル事件ノ少年ニ保護者ナキニアラズト雖少年カ從來其保護者ノ監督ヲ脱シテ浮浪セル場合アルベク或ハ又從來ノ保護者ハ少年ノ監督指導ニ不適當ニシテ他ニ相當ナル保護者アリテ之ニ指導監督セシムルヲ必要トスル場合アルベク或ハ又少年モ保護者ヲ知ラ

ズ保護者モ亦少年ノ不良化シタルコトヲ知ラザル場合モアルベシ斯ル場合ニハ保護司ニ於テ調査ヲ完了シ審判ノ終結ニ至ル迄ノ間少年ヲ其保護者ニ假リニ預ケ監督保護セシムルヲ要ス而メ《シテ》其少年ノ性行習癖等ニヨリ或條件ヲ付スルコトアルベク又ハ條件ヲ付スルヲ要セザル場合アルベク個々ノ事情ニ應ジ素ヨリ一様ナラザルベシ

第二　寺院教會保護團体又ハ適當ナル者ニ假リニ委託スルコト

少年ニ親族故舊ナク全ク孤兒同様ニシテ保護者ナク又保護者アリトスルモ其性行不良ニシテ少年ヲ託スルニ足ラサルカ又ハ無理解ニシテ少年ノ保護監督ヲ肯ンゼザル爲メ少年ヲ預クルニ適セサル場合アルベシ斯カル場合ニハ少年ヲシテ不良ナル環境ヨリ絶縁セシメ其浮浪又ハ不良傾向ヲ防止スル爲メ審判終了迄少年ヲ假リニ他ニ委託スルヲ要ス之ヲ假委託ト云フ假委託トハ後ニ説明スヘキ本委託ニ對スル語ニシテ一時的若クハ條件付委託ナリ即チ審判終結迄ナル期限付若クハ一時的ニ身柄ノ收容ヲ委囑スル處分ナリ

1、寺院及教會

是等ノ宗教團体ハ其教義上從來多ク保護事業感化事業等ノ社會事業ニ關與シタルノミナラズ孰レモ相當ノ殿堂營造物其他ノ設備ヲ有シ住職牧師等モ亦多ク教化事業ニ經驗アルガ故ニ保護少年ヲ假委託スルニ最モ適當ナルニヨリ少年審判所ヲシテ委託スルノ一時的處分ヲ爲サシム而〆《シテ》寺院教會ノ數ハ頗ル多數ニ上リ居ルニ拘ラズ今日ノ實際ニ於テ寺院教會トシテ保護少年ヲ收容シ居ルモノ殆ント絶無ナルハ其如何ナル事情ニ由來スルニ拘ラズ頗ル遺憾トスル所ナリ

2、保護團体

廣ク保護團体ト稱スル時ハ少年保護團体ノミナラズ免囚保護團体窮民保護團体等ヲモ指稱スルモノナルモ本法ニ所謂保護團体トハ司法保護少年收容ヲ目的トシ當局ノ認可ヲ受ケタル保護團体ヲ指稱スト稱ス何トナレバ從來設立シアル免囚保護團体ハ所謂釋放者ヲ收容保護シ授産セシムルモノナルヲ以テ之ニ少年ヲ委託シ年長ノ釋放者ト同居セシムルハ却テ弊害多ク假委託ノ目的ヲ達スル能ハサルノミナラズ單ニ窮民ノ收容スル保護團体ノ如キハ少年ノ司法保護ナル特種ノ目的ニ添ハサレバナリ

而シテ《シテ》司法少年保護團体トシテ當局ノ認可ヲ受ケ少年ヲ收容シツヽアル團体ハ現今東京大阪兩少年審判所管内等ヲ通シテ數十箇團体ニ及ベリ

3、 適當ナル者ニ假委託スルコト

寺院教會保護團体ニアラスシテ少年審判所カ其ノ處分トシテ少年ヲ假委託スルニ適當ナリト認メタル者ニ之ヲ委託スルコトヲ得少年ノ生立教育ノ程度信教性行等各其個性ヲ識別シ各適當ナル假委託ヲ爲サザルベカラサルカ故ニ保護團体等集團的ノ團体ニ假委託スルニ適セザル場合アリ又或ハ公信仰上其他ノ關係ニヨリ寺院若クハ教會ニ假收容セシムルヲ適當トセサル場合アリテ所謂個人假委託ヲ必要トスル場合少ナカラズ斯カル場合ニ少年審判所ハ其少年ノ性行其他ニヨリ假委託ニ適當ナリト認メタル時ハ之ニ委託スルヲ妨ゲザルナリ

第三　病院ニ假委託スルコト

保護少年カ疾病ニ罹リ之カ治療ヲ要スルハ場合病院ニ假委託スルコトヲ得少年ノ疾病ニ付テハ少年カ不良行爲ニ陥リタルハ其疾病ニ原因スルコトヲ要スルヤニ付キ議論アリ即チ疾病ノ結

果不良行爲ヲ爲スニ至リタル場合ニノミ治療ヲ要スルヤ又ハ其然ラサル場合ニモ治療ヲ爲スコトヲ要スルヤ之ヲ純理ノミヨリ論スル時ハ前者ヲ正當ナリトスベキモ多クノ場合ニ於テ之ヲ治療セシムルニアラザレバ適當ナル保護處分ヲ加ル能ハザルベキヲ以テ疾病陷リタル原因ノ如何ニ拘ラズ之ヲ治療セシムルヲ妥當トスベシ例令ハ保護者ナキ少年カ疾病ニ罹リ衣食ニ窮シ若クハ之ヲ治療セントシテ犯罪ヲ爲スニ至リタル案件ハ先其疾病ヲ治療セシムルニアラザレバ適當ナル保護處分ヲ爲スコト能ハサルハ何人モ疑ハザル所ナルベシ又少年カ浮浪中若クハ犯行後ニ於テ或種ノ疾病ニ罹リ保護ヲ要スルニ至リタル場合若クハ少年カ犯行後放蕩ヲ爲シタル結果性病ニ罹リタル場合ト雖之カ治療ヲ爲スニアラザレバ保護處分ノ徹底ヲ期スルコト能ハサルヲ以テ之等孰レヲモ治療セシムベキモノト解ス現在ニ於テモ少年カ犯行後浮消ノ結果疥癬ニ罹リ性病ニ冒サレタル場各［合］ニモ治療ヲ加ヘシメ居レリ要ハ刑事政策上適切ナル保護處分ヲ加フル爲メ疾病ヲ治療セシムルヲ要スルヤ否ヤニヨリテ決スベキモノトス

第四　假リニ少年保護司ノ觀察ニ付スルコト

身柄ノ送致ナキ案件ニシテ少年カ保護者ノ許ニ在ルモ其儘ニ放任スル時ハ不良傾向ヲ增進セシムル虞アリテ監督者ニ相當指示ヲ爲サシメ指導啓發ニ資セシムル必要アル場合ニ於テ假リニ少年保護司ノ觀察ニ付スルコトヲ得少年法第三十七條第一項第四號ノ規定スル所ナリ即チ檢事裁判所地方長官等ヨリ記錄ノミノ送致ヲ受ケタル場合若クハ身柄ノ連行ナキ通告事件等ノ場合ニ之カ假處分ヲ要スルナルベシ何トナレバ少年審判所ニ於テ第三十七條第一項第一號乃至第三号ノ假處分ヲ爲シタル時ハ當然保護司ノ觀察ニ付スベキコトハ仝條第三項ノ規定スル所ナレバナリ然レドモ身柄ノ送致ナキ條件ト雖仝條第一項第一二三號ノ假處分ヲ爲スヲ要スト認ムル時ハ之等ノ假處分ヲ爲シ得ルガ故ニ單純ニ本項ヲ適用シ得ベキ場合ハ蓋シ多カラサルベシ

第五　少年ヲ感化院ニ假委託スルコト

少年ノ年令個性其他ノ關係ニ依リ前第一乃至第四ノ假處分ニテハ其目的ヲ達スルヲ得ザル時

ハ假リニ少年ヲ感化院ニ委託スルコトヲ得感化院ハ多ク公費ヲ以テ支辨シ收容設備其他完備セルヲ以テ定員ノ許ス範圍内ニ於テ假リニ委託セシムルコトセリ

第六　少年ヲ矯正院ニ假委託スルコト

少年ノ不良性濃厚ニシテ逃走ヲ企テ犯罪ヲ敢行スル虞アリ嚴格ナル監護ノ許ニ置クノ必要アリテ普通ノ保護團体等ニテハ監護ノ目的ヲ達スルヲ得ズ止ムヲ得ザル時ハ少年ヲ矯正院（少年院）ニ假委託スルコトヲ得

假處分ハ本處分即終局的保護處分ノ効果ヲ完カラシムルニ在リテ事實關係少年ノ性行等ニヨリテ假處分ヲ決定スベキモノナルガ故ニ將來加フベキ終結處分ト同一種類ノ方法ニヨルヲ普通トス換言スレバ假處分ハ多クノ場合終結處分ノ前提タルヲ通常トス然レドモ事件受理後幾多ノ調査ヲ要スルモノナルヲ以テ其調査ノ結果豫期セラレル保護處分ヲ要スル場合アルベキガ故ニ假處分ハ必シモ常ニ本處分ノ前提タリト云フヲ得ス例令ヘバ保護團体ニ假委託シタル少年モ不良ノ程度頗ル濃厚ニシテ少年院送致ノ本處分ヲ必要ト爲シ又ハ少年院假委託中ノ少年モ前非ヲ

反省シ改悛ノ情顯著ニシテ逃走等ノ虞ナク保護團体委託處分若クハ觀察處分ニシテ事足ル場合アルコト勿論ナリ

假處分ハ前説明セル如ク審判終結ニ至ル迄ノ間其効力ヲ有スルモノナルヲ以テ一旦審判終結アリタル時ハ假處分モ亦當然其効力消滅スベク特ニ前提タリシ假處分ヲ解クノ要ナシ例令ハ甲保護團体假委託中ノ少年ヲ審判終結ニヨリ甲保護團体、委託乙保護團体、委託少年院送致等ノ保護處分ヲ加ヘタル時ト雖甲保護團体假委託ヲ取消スノ必要ナク終結處分ヲ爲スト同時ニ前假處分ハ當然其効力消滅スルモノナリ然レドモ審判ヲ開始セサル場合ハ其假處分ヲ取消ササルベカラズ即チ少年ノ行方不明ノ爲メ又ハ少年ニ保護處分ヲ加フヘキ事實關係ナクシテ審判不開始ノ決定ヲ爲ス場合若クハ事件ノ性質上當然刑事處分ニ付スヘキモノトシテ審判不開始ノ決定ヲ爲シ檢事ニ送致スル場合等ニハ假處分ハ之ヲ取消サザルベカラズ審判ヲ開始スルヲ要セサルニ拘ラス假處分ノミ繼續セシムルハ（審判不開始決定ハ審判終結處分ニアラザルカ故ニ假處分ハ當然ニ消滅スルモノニアラズ）少年ノ身体ノ自由ニ影響スル所重大ナルカ故ニ法ハ第四十一條ニヨリ之ヲ取消スベキ旨ヲ命シ且保護者ニモ通知スベキモノトセリ

又以上ノ假處分ハ其事情ノ變化ニヨリ其必要ナキニ至リタル時ハ何時ニテモ之ヲ取消シ得ベ

シ例ヘバ少年病氣ニシテ保護者ノ許ニテ療養セシムルヲ要シ保護團体假委託等ノ必要ナキニ至リタル場合若クハ少年ニ於テ頗ル改悟シ逃走犯行等ノ憂ナク且相當監督アルコト判明シ保護團体假委託少年院假委託等ノ要ナキニ至リタル時ハ何時ニテモ假處分ヲ取消シ得ベシ或ハ又必要アル時ハ何時ニテモ之ヲ變更スルコトヲ得ベシ例令ハ事情ノ變化ニシ保護者假預ヲ保護團体假委託ニ保護團体假委託ヲ少年院假委託ニ少年院假委託ヲ保護團体假委託ニ變更シ得ルカ如シ而〆《シテ》又之等ハ速ニ其旨ヲ保護者ニ通知セザルベカラズ之レ保護者ハ少年假處分ニ付キ重大ナル利害關係ヲ有スルカ故ニ第三十八條第三十九條ニ規定セリ

第二節　調査

少年審判所ニ於テ事件ヲ受理シ身柄ノ送致アリタル等ノ爲メ應急處理トシテ前節ニ説明シタル如ク之ガ假處分ヲ爲シタル後該事件ニ付キ保護處分ヲ加ヘ得ルモノナリヤ否ヤ保護處分ヲ加フルノ要アリヤ否ヤ保護處分ヲ加フルノ要アリトスルモ如何ナル種類ノ保護處分ヲ加フルヲ適當トナスベキヤヲ判斷スベキ資料ヲ蒐集セザルベカラズ換言スレバ審判ヲ開始スベキモノナリ

ヤ否ヤヲ決定スル爲メ之ガ調査ヲ爲スノ要アリ所謂審判ノ準備トシテノ調査ナリ

第一、調査ノ方法

1、少年審判官ノ直接調査

少年法第三十一條ハ少年審判所審判ニ付スベキ少年アリト思料シタル時ハ事件ノ關係及本人ノ性行等ヲ調査スベシト規定シタリ去レバ單獨ニテ審判ヲ爲ス少年審判官自ラ調査ヲ爲シ其得タル資料ニヨリ審判ヲ爲スヲ本則トス盖シ直接審理主義ヲ採用シタル少年法（後ニ説ク）ノ趣旨ニヨレバ少年審判官ニ於テ自ラ諸般ノ調査ヲ爲シ事件關係ハ勿論少年本人ノ性行境遇經歷心身ノ狀況教育ノ程度等ニ付キ詳密ナル調査ヲ爲シテ眞相ヲ看破シ自ラ心證ヲ得ルニ於テ最モ適切ナル保護處分ヲ加フルヲ得ベケレバナリ然リト雖少年審判官ニ於テ多數事件ニ付キ悉ク自ラ直接ニ之ガ調査ヲ爲スハ殆ンド不可能ナルヲ以テ間接ニ他ヲシテ調査セシムルヲ普通トス或ハ説ヲ爲ス者アリ少年審判官ニハ明白ニ自ラ調査ヲ爲ス權限ヲ附與シタル規定ナキカ故ニ少年審判官自身ノ調査ハ不法ナルノミナラズ少年保護司ニ調査ヲ命ゼズシテ審判ヲ爲スハ不法ナリト

論ズル者ナキニアラズト雖法ハ審判所ニ調査ヲ爲スベキヲ命ジ少年審判官ハ單獨ニ審判所ヲ代表シテ事件ノ調査ヲ命ジ審判ヲ爲ス權限ヲ附與セラレタルモノニテ他ニ反對ノ規定ナキ限リ調査ヲ少年保護司ニ命ジ得ル權限アル少年審判官ガ自ラ調査シ得ザル理ナキノミナラズ法文ハ少年保護司ニ命ジテ必要ナル調査ヲ爲サシムベシト規定セルガ故ニ少年ノ年齢切迫其他ノ關係ニ於テ調査ヲ命ズルノ遑ナク若クハ少年保護司ニ調査ヲ命ズルノ要ナシト認メ或ハ少年審判官自身ニ於テ教育照會原籍調査其他ノ調査ヲ爲シ審判ヲ開始シ保護處分ヲ加フルモ何等不法ヲ以テ律スルヲ得ザルベシ現今ノ實際ノ取扱ニ於テモ其事例ニ乏シカラズ

2、少年保護司ニ對スル調査命令

少年法第三十二條ハ少年審判所ハ少年保護司ニ命ジテ必要ナル調査ヲ爲サシムベシト規定セルノミナラズ少年保護司ハ少年審判官ヲ補佐シ審判ノ資料ヲ蒐集シテ提出スベキ職責ヲ有スルカ故ニ少年審判官ハ少年保護司ニ命ジテ必要ナル調査ヲ爲サシム其調査ヲ命ズルニ際シテハ特ニ或一定ノ事項ヲ指示シテ調査ヲ命ズルコトアリ或ハ又槪括的ニ一般ノ調査ヲ命ズルコトアルベシ此場合ハ頗ル廣汎ニ亘リ審判ノ資料ニ關スル限リ一切ノ調査ヲ爲サザルベカラズ審判ヲ開始スベキモノナリヤ否ヤ審判ヲ開始スルトセバ如何ナル保護處分ヲ加フルヲ適當トスベキヤ等

審判ニ關スル資料一切ヲ蒐集シテ提出セザルベカラズ去レバ少年保護司ハ直接ニ呼出シ又ハ随所ニ出張シ自ラ少年ニ就キ保護者參考人關係人等ニ就キ若クハ少年假委託先ニ就キ調査ヲ爲シ或ハ又間接ニ囑託照會ヲ爲シ文書往復等ニヨリテ調査ヲ爲シ審判ノ資料ヲ蒐集シテ提出セザルベカラズ

3、保護者ニ對スル調査命令

少年ノ保護者ハ多クノ場合日夕少年ニ直接シ監督シ指導シ來リタルモノニテ少年ノ過去ニ於ケル行状性質其他諸般ノ状況ヲ知悉シ居ルノミナラズ其少年ノ利害ニ付キ無關心ナラザル限リ其保護ニ付キ參考ニ資スベキ相當意見ヲ有スルヤ必セリ而シテ少年審判所ニ於テ少年ニ對スル保護處分ヲ爲ス場合是等ノ事情等ヲ調査スルハ極メテ必要ナルモ保護者ガ管外ニ居住シテ之ヲ呼出スヲ得ザルカ若クハ保護者ヲ直接ニ審判所ニ呼出シ得ザル等ノ事情アル時ハ相當ノ取調又ハ調査ヲ保護者ニ命ズルコトヲ得セシメタリ少年法第三十三條ノ規定スル所ナリ

4、保護團體ニ對スル調査委託

少年審判所ヨリ保護團體ニ少年ヲ假委託スルコトアルハ前述ノ如シ斯カル場合ハ勿論其他ノ

理由ニヨリ保護團體ガ少年ヲ收容スルコトアルヲ以テ其少年ニ關スル一切ノ調査ヲ委託スルハ頗ル便宜ナルノミナラズ假リニ當該少年ヲ收容シタルコトナシトスルモ保護團體ハ豫テ保護事業社會事業等ニ從事シ一般少年保護ニ關スル經驗智識ヲ有スルノミナラズ將來少年ヲ委託シ保護監督セシムル場合アルベキヲ以テ保護團體ニ委託シ調査セシムルハ相互ニ稗益スルコト少ナカラザルベシ

5、醫師ノ診察

少年ノ心身ノ狀況ニ付テモ少年保護司ヲシテ或程度ノ調査ヲ爲サシムルコトヲ得ベシト雖少年ノ精神ノ發育狀態若クハ身體ノ發達狀況ヲ徹底的ニ調査セシムルハ之ニ特別ノ技能智識ヲ有スル專門家タル醫師ノ診察ニ俟タザルベカラズ殊ニ心身ノ發育ニ多少ノ疑ヲ存スル案件ニ付テハ特ニ其必要アルベシ然レ𪜈《ドモ》現今ノ組織ニ於テハ多數ノ事件ヲ總テ悉ク醫師ヲシテ診察セシムルヲ得サルカ故ニ法モ亦少年ノ心身ノ狀況ハ成ルベク醫師ヲシテ診察セシムベシト規定セリ

第二、調査ノ内容

審判ノ準備トシテ調査ヲ要スベキ事項ハ頗ル廣汎ニシテ少年事件ノ其事件關係ハ勿論少年本人ノ性行境遇經歴身心ノ狀況教育ノ程度等ナリ

1、事件關係

事件關係トハ受理シタル事件ノ内容ヲ云ヒ該少年ニ付キ審判ヲ要スルヤ否ヤ審判ヲ要ストセバ果シテ如何ナル事實ヲ基礎トスルヤ詳言スレバ少年ガ法令ニ觸ル、行爲ヲ爲ス虞アルヤ否ヤ法令ニ觸ル、行爲ヲ爲シタリヤ否ヤ少年ガ該事實ヲ認ムルヤ否ヤ認定スベキ證憑アリヤ否ヤ證憑アリトスルモ不良性微弱ニシテ事件經［輕］微ナルヤ否ヤ其行爲ヲ爲スニ至リタル主觀的動機情狀目的客觀的ニ與ヘタル結果影響若クハ刑事手續ニテ審理中ニ屬セザルヤ否ヤ大審院ノ特別權限ニ屬セザルヤ陸海軍刑法ニ該當スル犯罪ニアラザルヤ處刑セラレ又ハ審判ヲ經タル事件ニアラザルヤ年齡ニ支障ナキヤ審判前ニ犯シタルモノニテ輕キモノニアラザルヤ刑事訴追ノ要ナキヤ新ナル事實ノ發見アリテ刑事政策上訴追ノ要ナキヤ等ヲ調査スルニアラザレバ審判ノ開

否ヲ決定スル能ハザルベシ

2、性行

少年本人ノ性行ニシテ性質（ウマレツキ。タチ）及素行（行狀）ノ略稱ナリ少年ニ保護處分ヲ加フルニ付キ其性質素行ヲ知ルコトハ最モ肝要ニシテ又最モ至難ナリ其之ヲ明カニスルヲ得ザレバ適當ナル保護處分ヲ加フルニ由ナシト云フモ過言ニアラザルベシ然レ𪜈《ドモ》其性行ヲ言表ハスベキ文字ハ頗ル多岐ニ亘リ到底枚擧ニ遑アラザルベキモ必竟心的發動ヨリ外部ニ現ハル、行狀ニヨリテ之ヲ判斷スベク少年ノ性癖習癖言語動作知能嗜好娯樂等所謂少年ノ箇性ニヨリ推定スベキモノトス今之ヲ例示スレバ

温和―粗暴、温順―亂暴、温良―傲慢、從順―剛愎、柔和―狂暴、温厚―殘忍、柔弱―强情、柔順―頑固、頑迷扁屈、質朴―狡猾、醇朴―放埒、朴訥―高慢、大膽―小膽、小心―横着、細心―疎忽、豪膽―怯懦、勝氣―懦弱、沈着―豪放、淡泊―執拗、應揚―短氣、快活―陰鬱、壯快―陰氣、爽快―沈鬱、豪快―憂鬱、活氣―因循、勤勉―怠惰、勤直―懶惰、整頓―放縱放慢放逸、實直―虚僞虚言、重厚―輕薄、鈍重―浮薄、怜悧―暗愚、鋭敏―愚鈍、愚直―陰險、奸佞―愚痴、愼重―輕卒輕燥、勇敢―躊躇逡巡、冷靜―懊惱、堅忍―虚弱、寡言―多辯、寡默―

饒舌、緻密―散漫、内氣―殘虐、寡慾―强慾、節約―吝嗇、質素―虚榮、信頼―猜疑、進取―退嬰、輕快―憂愁、義俠―卑劣、萎縮―尊大、貞淑―嫉妬卑猥、神經過敏―無頓着、樂觀―悲觀、陽氣―陰氣、規律―不規律、親切―不親切、正直―不正直、活潑―不活潑、遠慮―無遠慮、我儘、靜肅―不靜肅、清潔―不清潔、其他盜癖浮浪癖浪費癖怠惰癖間食癖活動癖遊蕩癖飲酒癖喫煙癖遺尿癖潔癖疳癖等ニヨリテ性行ヲ表示スルヲ得ベシ

3、境遇

少年ノ過去及現在ニ亘ル家庭内ニ於ケル其生活狀態若クハ家庭以外ニ於ケル生活狀況或ハ親族姻族ノ狀態其交友ノ關係又ハ職業關係等ノ周圍ノ狀況ヲ綜合シテ廣ク境遇ト云フ先天的ニ精神的疾患ノアル少年ハ勿論其之ナキモノト雖少年ハ其家庭等ニ於ケル生活狀況交友職業其他環境ニヨリ性格ノ變化ヲ來タスノミナラス假リニ性格ノ變化ヲ來スニ至ラサルモ順次不良化シ不用意ノ間ニ遂ニ犯罪ヲ爲スニ至ルモノナリ而シテ從來惡感化ヲ受ケタル其境遇ヲ改善セシムルハ則チ保護處分ノ要諦タルヲ以テ少年ノ境遇調査ノ緊要ナルコトハ決シテ性行ノ調査ニ讓ラサルナリ

境遇調査ノ要目ハ其家庭内ニ於ケル有ラユル缺陥ハ勿論不和合ナリシヤ否ヤ資産收入ノ有無

實家ニ生長シタルヤ否ヤ家庭外ニ於ケル生育ノ狀況交友奉公先職業關係家族親族姻族故舊近隣トノ折合等ナリ

4、經歷

少年ガ主トシテ其生育上生活上若クハ職業上經過シテ現在ニ及ヒタル其過程ヲ指稱シテ經歷ト云フ例ヘバ實父母ノ許ニ生育シタルヤ繼父母ノ手ニ養育セラレタリヤ實父母ニ生別シタルヤ死別シタルヤ農工商ノ許ニ在リテ生活シ就職シ來リタルヤ將又保護者ニ閑却セラレ街頭ニ流浪シ所謂浮浪生活ヲ爲シ來リタルモノナリヤ否ヤ等一身上ノ經過ヲ調査セシムルモ亦保護處分上必要ノ資料タルハ言ヲ俟タサルベシ

5、心身ノ狀況

心身ノ狀況トハ少年ノ心理即チ精神發育狀況ト其身體ノ發育狀況トヲ指シタルモノナリ少年ノ精神發育狀況ト身體發育狀況トカ假リニ年齡ニ比シ何等平衡ヲ失セス尋常ニ發育シ來リタリトスルモ少年ハ總テ精神的ニモ身體的ニモ未タ發育完成セス其發育ノ中途ニ在リテ之ヲ成年者ト同一視スルヲ得ズ特ニ不良傾向ヲ生シタル少年ニ對シテハ其保護處分上生育ノ狀況ヲ參考ニ資スル要アルベシ況ンヤ其兩者ノ發育平衡ヲ失シテ一方ニ偏倚シ諸種ノ故障乃至疾病ノ爲メ異

常ノ性格者ト爲リタル者若クハ其疑アル者保護少年ノ多分ヲ占ムルト云フモ過言ニアラザルニ於テオヤ其之カ調査ヲ忽ニスヘカラサルハ勿論ナリ

精神發育狀況トハ所謂智情意ノ圓滿ニ發達セルヤ否ヤ其遺傳關係ハ勿論胎生期出產期幷ニ其前後ニ於ケル異狀乃至疾病ノ有無若クハ其特質等ヲ概括セルモノニシテ身體發育狀況トハ其身体ノ生理的發育即チ身体各部ノ故障乃至疾病ノ有無年齡ニ比シ身体各部ノ發達順當ナリヤ早熟ナリヤ普通ナリヤ晩熟ナリヤ之亦其遺傳始生期等ニモ遡リ之カ調査ラ要スルナルベシ

要スルニ精神的發育狀況ニテハ智情意ノ各方面ニ於ケル發育狀況ニ異狀ナキヤ疾病ナキヤ注意スヘキ性癖ノ認ムヘキモノナキヤ身体的發育狀況ニテハ身長体重体格筋肉皮膚內臟各肢ノ發育發達ハ勿論營養十分ナリヤ否ヤ特記スベキ異狀ナキヤ疾病ナキヤ即チ心身共ニ平衡ヲ得タル圓滿ナル發育ヲ遂ケ居ルヤ否ヤヲ知ラントスルニアリ然レトモ之等ノ事項ハ專門家タル醫師ニ診査セシメ醫學的方面ヨリ見タル意見ヲ保護處分ノ資料ニ供スルハ頗ル緊要ナルベシ去レバ少年法第三十一條第二項ニモ心身ノ狀況ニ付テハ成ルベク醫師ヲシテ診察ヲ爲サシムベシト規定セリ

6、**教育ノ程度**

少年カ不就學ナリヤ小學校令ニヨル義務教育ヲ終了シタルヤ否ヤ中等教育ヲ受ケタルヤ否ヤ其成績勤惰學科ニ對スル長所短所缺席勝ナリシヤ否ヤ等ヲ調査スベク保護處分ヲ加フルニ參考タルノミナラズ保護處分ノ執行ニ際シ教養訓練ニ資スルノ要アルベシ

7、右ノ外調査事項トシテ法文ニハ規定ナキモ少年ノ父母其他血族姻族關係者ノ生活狀況性行資産狀況長所短所飮酒喫煙嗜好習癖職業關係宗教關係等ヲ調査シテ資料ヲ提供スルハ蓋シ保護處分ノ妥當性ヲ確保スル所以ナルベシ

第三節　審判期日ノ指定

少年審判所ニ於テ事件ノ調査ヲ命シタル結果審判ヲ開始スベキモノト思料シタル時ハ審判ヲ開始スル爲メ一定ノ審判期日ヲ指定セサルヘカラス少年法第四十條ノ規定スル所ナリ然レトモ調査ノ結果ニヨリ該少年ニ付キ審判ヲ開始スルヲ要セサルモノト認メタル時ハ其旨ヲ決定シ事件ヲ終了セシムベク同時ニ少年法第三十七條ノ假處分ハ之ヲ取消シ保護者ニ之ヲ通知スヘキモ

ノトス第四十一條ニ規定セリ

第四節　少年保護者參考人附添人等ノ呼出

少年法ニ於テハ裁判ニ於ケルカ如ク缺席裁判ヲ認メス所謂直接審理主義ヲ採ル去レバ審判ニハ必ス少年ヲ呼出シ之ヲ審判スベク缺席審判ナルモノヲ認メサルナリ盖シ法ハ書面審理、間接審理ノ弊ヲ矯メ親シク少年ニ直接シ其擧動態度其他ノ事情ヲ考察シ其意ノ有ル所ヲ盡サシメテ審判ヲ遂ケ適切ナル保護處分ヲ施サシメンカ爲メナリ

審判期日ニハ少年本人ノミナラズ必要ニ應シ保護者參考人附添人ヲモ呼出サシム少年審判官ニ於テ直接之ヲ取調ブルヲ要スル塲合アルノミナラズ保護者附添人ヲシテ審判ノ席ニ於テ保護上ニ付キ意見ヲ陳述セシムル機會ヲ得セシムル趣旨ニテ第四十三條第四十四條ニ規定セリ

第五節　少年本人ノ同行

少年審判所ハ調査完了後期日ヲ指定シ審判ノ爲メ少年ヲ出頭セシム然レトモ少年カ故ナク呼出ニ應ゼス若クハ逃走浮浪徘徊シテ出頭セサル場合モアルベシ斯カル場合ニハ少年保護司ヲシテ少年ヲ同行セシムルコトヲ得尚審判期日ノミナラス審判ノ準備トシテ少年ヲ保護團體等ニ假委託スルヲ要スル場合モアルベシ之レ法律カ必要ニヨリ何時ニテモ少年ヲ同行セシムル事ヲ得ト規定シタル所以ナリ

第七章　審判不開始

少年審判所ハ其受理シタル事件ヲ調査シ又ハ少年保護司ヲシテ調査セシメ其資料ヲ提供セシメタル結果ニヨリ必シモ審判ヲ開始スルモノニアラズ少年審判所ニ於テ審判ヲ開始スルノ必要ヲ認メサル時ハ素ヨリ審判ヲ開始セザルベシ此場合ニハ審判不開始ノ決定ヲ爲シ該事件ヲ終了セシムルヲ要ス法文ニハ此場合ニ何等決定ヲ爲スベキ旨ヲ規定セサルヲ以テ不開始決定ヲ爲スニ對シ異議ヲ挿ムモノナキニアラズト雖抑モ審判ヲ開始セストノ國家ノ意思ヲ表示スル必要アルノミナラズ審判不開始ノ場合ニハ少年法第四十一條ニヨル假委託ノ取消ヲ爲スベク又其旨ヲ保護者ニ通知スヘキ旨ヲ規定セリ旦事件處理上（未濟既濟）決定ノ形式ヲ以テ審判不開始ノ意思ヲ表示スルハ必シモ妥當ヲ缺クモノト云フヲ得ザルベシ然レトモ此決定ハ只單ニ審判ヲ開始セストノ一宣言ニシテ事件取扱上ノ一手續ニ過キス審判ヲ終了シテ爲ス終結處分トハ自ラ其性質ヲ異ニスルヤ勿論ナリトス去レバ一旦審判不開始ノ決定ヲ爲シタル後ト雖其後ノ事情等ニヨリ該事件ニ更ニ審判ヲ開始スルモ決シテ一事ヲ再理スルトノ非難ヲ受クルコト無カルベシ

審判ヲ開始セサル場合ニ種々アリ少年ニ犯罪行爲乃至不良行爲ノ認ムベキモノナキ時若シ之ヲ認メ得ベシトスルモ不良性微弱ニシテ保護處分ヲ加フルノ要ナシト認メタル時少年カ逃走行方不明ニシテ直接審理シ得サル時少年カ管轄外ニ去リテ（犯罪行爲等カ管轄内ニ在リタルト假定ス若シ犯罪行爲モ管轄内ニ無ク且少年モ管轄内ニ在ラサル時ハ全然其審判所ノ管轄ノ問題ヲ惹起セサルベシ）之ヲ呼出スニ困難ナル時少年カ重症ニシテ恢復ノ見込ナキ時少年カ死亡シ審判ノ客體消滅シタル時少年カ十八歳以上ニ達シタル時少年カ十四歳未滿ニシテ地方長官ノ送致ナキ時十六歳以上ノ犯罪者ニシテ檢事ヨリ送致ナキ時少年カ刑事手續ニヨリ審理中ナルコトヲ發見シタル時等ノ場合ハ審判開始ノ要ヲ認メサルナリ然レトモ以上後半ノ場合ハ重ニ少年審判所ノ權限外ナルヲ以テ法文ニハ審判ニ付セストノ文字ヲモ審判不開始ト同意義ナルベシ

第八章　審判開始

少年審判所カ事件調査ノ結果ニ因リ審判ヲ開始スヘキモノト思料シタル時ハ先以テ審判期日ヲ定メサルベカラス而テ豫メ少年ニ對シ審判期日ニ出頭ヲ命スベク或ハ假預ケ先假委託先等ニ對シ少年ノ同行ヲ命シ或ハ保護者附添人參考人等ニ呼出狀ヲ發セシムベシ審判期日ニ至レバ少年審判官書記出席シ呼出ニ應シテ出頭シタル少年保護者其他關係人ヲ審判室ニ列席セシメテ審判ヲ開始シ少年ノ生立性行環境不良行爲犯罪行爲ノ存否其動機原因遠由結果改悛反省ノ程度等ヲ審問シ必要ニヨリ更ニ心身ノ狀況ヲ醫師ニ診察セシメ或ハ又鑑定セシムル場合アルベク或ハ審判開始後ニ於テ十四歳未滿ナルコトヲ發見シタル時ハ當該地方長官ニ送致方ヲ促スコトアルベク十六歳ノ犯罪ニ付キ送致スルヤ否ヤヲ檢事ニ交渉スルコトアルベク爲メニ審判期日ヲ續行スルコト無キニアラズ其結果處分ヲ爲スニ熟シタル時初メテ終結處分ヲ爲スナリ

審判ノ意義ニ付テハ場合ニヨリ種々ニ説明スルヲ得ベシ先キニ審判トハ少年事件ヲ闡明シ之ヲ法律ニ適用シタル少年審判官ノ意思ノ表示ナリト定義シタリ以上ハ簡略ニ失スルノ觀ナキニ

アラスト雖裁判ガ國家機關タル裁判官ノ意思表示ナリトノ定義ニ照應セシメタルモノナリ而テ裁判カ判決若クハ決定ヲ宣言スル目的ヲ以テ爲ス審理トスレバ審判モ亦主トシテ司法保護處分ヲ加フル目的ヲ以テ爲ス審理ト云フヲ得ベシ然レトモ當事者ノ爭訟ヲ裁斷スル民事裁判犯罪ヲ斷シ刑罪ヲ言渡ス刑事裁判ニ於テハ何レモ莊重嚴肅ナル法廷ヲ設備シテ上下ノ區別ヲ爲シ構員モ亦一定ノ服裝ヲ爲シ威嚴ヲ失墜セサルヲ旨トスルモ審判ハ全然裁判ト其趣ヲ異ニシ爭訟ヲ裁斷スルニモアラス責任ヲ糾彈スルニモアラス勿論刑罰ヲ宣言スルモノニモアラザルヲ以テ斯カル設備ヲ爲サズ審判ハ主トシテ保護處分ヲ加ヘ少年ヲシテ之ニ信頼セシメ以テ少年ヲ指導啓發シ教化陶冶若クハ矯正セシムルニ在リテ寧ロ人格的同化同情相互信頼敬幕等徳性感化ヲ必要トスベク心身ノ發育十分ナラサル少年ヲ畏怖セシメ危惧不安ノ念ニ驅ラシムルニ於テハ少年ヲシテ忌憚ナキ供述ヲ爲シ事情ヲ盡サシメ得サルノミナラス保護處分ノ効果ヲ完カラシムル所以ニアラサルヲ以テ審判室ノ設備ハ感受性ニ富ム少年ノ印象ニ注意シ温味情操ヲ加味スヘキモノトス去レバ調査ニ際シ少年保護司ニ對スル少年ノ印象審判ニ際シ少年審判官ニ對スル少年ノ印象モ亦勿論少年ノ保護處分ニ影響セシムルノ要甚ダ大ナルモノアルベキヲ以テ意ヲ須ヰザルベカラズ

第一節　審判ニ適用セラルベキ原則

審判ニ適用セラルベキ原則トシテ法文ニ何等規定ナシト雖少年法規定ノ趣旨立法ノ趣旨審判保護處分ノ性質等ニヨリ考察スル時ハ左ニ記載シタル數主義ノ適用ヲ見ルベシ

第一、一事不再理ノ原則

凡ソ訴訟ハ爭ニ係ル請求ヲ確定シ以テ社會ノ秩序ト安寧トヲ保持スルヲ以テ目的トス而シテ一旦確定シタル事件ニ對シ再ヒ之カ裁判ヲ求ムル能ハズトスルハ獨リ國家ノ利益ナルノミナラズ訴訟當事者ノ利益ナリ茲ニ於テカ裁判ニ對シ一事不再理ノ原則ヲ生スルニ至レリ一事不再理トハ之ヲ裁判所ノ側ヨリ云ヘハ一旦確定判決ヲ經タル事件ハ其有罪タルト無罪タルトヲ問ハス特別ノ事由アラサル以上ハ再ヒ裁判所之ヲ審理裁判セズトノ義ナリ又被告人ノ側ヨリ言ヘバ一旦訴ヘラレ裁判確定シタル犯罪事件ニ關シ再ヒ起訴セラルルコト無シトノ義ナリ刑事事件ノミナラズ民事事件ニ付テモ亦適用セラル所謂裁判ノ羈束力、既判力ニ基因スルモノナリ審判ハ裁判ニアラザルモ一事ヲ再理スベカラザルコトハ寧ロ當然ナリ何トナレバ審判所ノ審判ニヨル終結處分ハ不服申立ヲ許サズ即事確定スルノミナラズ一事ニ付キ審判ヲ遂ゲ保護處分ヲ加ヘタル後再ヒ同一事件ニ付キ同一人ニ對シ審判ヲ爲スハ不合理ニシテ國家ノ利益ナラザルコト勿論ニシテ少年並ニ關係人ヲシテ不安ノ念ラ懷カシムレバナリ此趣旨ハ少年法第六十三條ノ規定ニヨルモ之ヲ推知シ得ベシ若シ單純ナル理論ヨリスル時ハ審判ハ裁判ニアラス保護處分ハ刑罰ニアラザルヲ以テ假リニ審判ヲ經テ保護處分ヲ加ヘタル事件ト雖更ニ裁判ヲ爲シ刑罰ヲ加ヘ得サル理ナシ然ルニ第六十三條ハ保護處分ヲ加ヘタル案件ニ對シテハ刑事訴追ヲ爲スコトヲ許サザルナリ抑モ犯罪行爲ニ付キ刑事訴追ヲ爲スヤ否ヤハ檢事ノ專權ニ委シタルモノナルニ拘ラズ少年法第四條ノ保護處分ヲ受ケタル少年ニ對シ審判ヲ經タル事件ニ付キ刑事訴追ヲ爲スコトヲ許サズ是レ即チ審判ノ羈束力既判力ヲ認メタルニ外ナラサルナリ加之審判ヲ爲シタル事件ト何等關係ナク即チ保護處分前ニ犯シタル犯罪行爲ニシテ之ヨリ輕キ犯罪ニ付テモ尚且之カ刑事訴追ヲ許サズ審判シタル事件ト何等關係ナキ犯罪行爲ニ付テモ法カ特ニ審判ノ羈束力既判力ヲ及ボサシメタル所以ノモノハ此場合刑事訴追ニ比シ保護處分ノ効果ヲ重要視シタルニ基因セルモノタルコトヲ窺フニ足ルベシ之ヲ要スルニ保護處分効果ヲ重視シ審判ノ羈束力ヲ刑事訴追ニ及ボサ

シメタル第六十三條ノ趣旨ニ徴スルモ一度審判ヲ爲シタル保護處分ノ効果ヲ滅却スベキ全一事實ノ再度ノ審判ヲ認メザルコトハ説明ヲ要セサルベシ

第二、口頭審理主義

口頭審理ノ原則ハ人ト審理主體トノ交通カ口頭ノ供述ヲ以テ行ハルルモノニテ此口頭ノ供述カ審理ノ基本ト爲ルモノナリ此原則ノ對照ヲ爲スモノハ所謂書面審理主義ナリ書面審理ニ在リテハ其ノ人ト審理主体トノ交通ガ書面ノ記載ノミヲ基本トスルモノナリ

審判ニ付イテハ訴訟ニ於ケルカ如ク書面審理ノ主義ヲ認メス審判ニ表ハレタル少年ト審判所トノ交通ハ口頭ノ供述ヲ以テ行ハレ口頭審理主義適用セラレ書面審理ヲ以テ審判ノ基本ト爲サザルナリサレバ、口頭審判ヲ爲サザル書面審理ヲ認メサルヲ以テ所謂缺席審判即チ少年ノ出頭セサルニ審判ヲ開始スルコトナシ

第三、直接審理主義

直接審理主義トハ審理ノ主體カ自ラ直接ニ關係人ヲ審理シ又自ラ證據物ニ就キ實驗ヲ爲シ以テ事實ノ判斷ヲ爲スヲ言フ直接審理ノ對照ヲ爲スモノハ所謂間接審理ナリ間接審理トハ自ラ之ヲ爲サズ例ヘバ刑事訴訟ニ於ケル豫審判事受命判事受託判事等ノ如ク他ノ取調ニ一任シ直接ニ自ラ關係人證據調ヲ爲サス間接ニ他ヲシテ爲サシムルヲ云フ審判ハ口頭審理主義ヲ採用シタル結果必ス少年ノ出頭ヲ要シ當然直接審理主義適用セラレ少年ノ審判ヲ他廳ニ一任スルヲ得ズ然レトモ證據調其他保護資料ノ蒐集ニ際シ手數日時費用等ヲ省略セントスル關係ヨリ保護者參考人鑑定人等ノ取調ヲ他ノ官廳ニ囑託スルコトナキニアラスト雖審判ニ際シ審判所自ラ少年ニ直接セスシテ間接ニ審判スルコトアルナシ

第四、秘密主義

秘密主義トハ其ノ審理ヲ一般公衆ニ公開セズ秘密ニナスヲ云フ秘密主義ノ對照ヲ爲スモノハ

公開主義ナリ公開主義トハ其ノ審理ノ場所ヲ一般公衆ニ公開シ何人ニテモ其場所ニ立入リ審理ヲ傍聽シウルヲ云フ裁判ハ往時糾彈主義書面審理主義ノ行ハレタル時代ハ密行セラレタルモノナリシガ十九世紀ノ初メニ至リ政治上其他ノ理由ニヨリ裁判ハ之ヲ公開シ裁判所及訴訟關係人ノ專橫ヲ防クベシトノ見地ヨリ口頭審理主義直接審理主義等ト共ニ公開主義カ文明國ニ一般ニ採用セラレタルモノナリ

然レトモ審判ハ裁判ト異ナリ爭訟ヲ裁斷シ犯罪ヲ糾彈スルニアラズ少年ニ保護處分ヲ加ヘ以テ犯罪ヲ鎭壓豫防シ教養矯正スルニ在リテ公開主義ヲ採用ルノ必要ナク却テ思慮圓熟セサル少年ハ摸倣性頗ル强ク又他ニ傳播ノ機會ヲ與フルノミナラズ公開ノ塲所ニ於テ少年ノ犯罪又ハ不良行爲ヲ審理スル時ハ少年ノ自尊心ヲ傷ケ自暴自棄ニ陷ラシメ易ク少年ノ改善敎養ニ支障アリテ秘密主義ヲ採用スヘキ必要アルヲ以テ少年法第四十五條ハ審判ハ特ニ之ヲ公開セサル旨ヲ規定セリ但シ少年ニ利害關係ヲ有スル少年ノ親族若クハ保護事業ニ從事スル者其他保護事業ニ諒解アル者ニシテ相當ト認メタル者ニ對シ少年審判所ハ其在席ヲ許スコトヲ得セシメタリ

此ノ秘密主義ヲ採用スルノ結果トシテ少年審判所ノ審判ニ付セラレタル事項等ヲ新聞紙其他ノ出版物ニ掲載スルコトヲ禁シ違犯シタル時ハ禁錮又ハ罰金ニ處スルノ規定ヲ設ケタリ少年法

第七十四條ノ規定スル所ナリ

第五、實体的眞實發見主義

實體的眞實發見トハ實際ニ生シタル事實ニ符合スル認定ヲ審理ノ基本ト爲スヲ云フ之カ對照ヲ爲スモノハ單ニ形式的ノ眞實ヲ以テ足レリトスル主義ナリ例ヘバ民事訴訟ニ於テ當事者ガ主張シタル事實ニアラザレバ裁判ノ基礎ト爲スヲ得ス當事者ノ提出シタル證據ニアラザレバ之ヲ取調フルコトラ得ス又被告カ自認シタル事實ハ（假リニ眞實ニ反スルトスルモ）之ヲ排斥スルヲ得ストスル場合ノ如キ裁判官ハ實際ノ事實ト判決ニ認ムル事實トハ相違スルコトヲ自覺スルト雖當事者ノ中立ニ拘束セラレ眞實ト相反スル認定ヲモ爲サザルベカラズ之ヲ形式的眞實發見主義ト云フ然レ共刑事訴訟ニ於テハ起訴セラレタル事實ニ付テハ當事者ノ中立ニ拘束セラルルコトナク其職權ニヨリ事實及證據ヲ取調べ以テ實際ノ事實ニ符合スル認定ヲ爲サザルベカラズ之ヲ實體的眞實發見主義ト云フ

審判ハ民事訴訟ノ如ク素ヨリ形式的眞實發見主義ニヨルモノニアラズシテ其認定ニ付テハ眞

實ニ發生シタル事實ニ符合スル認定ヲ爲サザルベカラズ例ヘバ送致セラレタル事實ノ如何又通告セラレタル事實ノ如何少年ノ認否如何ヲ問ハズ實際ノ事實ニ則シタル認定ニ基キ保護處分ヲ加フベキガ故ニ實體的眞實發見主義ノ適用セラルル事勿論ナリ

第六、職權主義

實體的眞實發見主義ノ適用セラルル當然ノ結果トシテ審判ニハ職權主義ヲ採用シタルモノト云ハサルベカラズ即チ關係者ノ申立ナシト雖職權ヲ以テ事實ノ眞相ヲ明カニシ之ヲ認定ノ基礎トシテ終結處分ヲ爲サザルベカラス此点ハ刑事訴訟ニ似タル所アリト雖又訴訟ノ如ク起訴セラレタル事實ニ限局セラルルト異ナリ又民事訴訟ノ如ク當事者ノ主張シタル事實及証據ニ制限セラルルコトナク送致セラレ通告セラレタル事實ニ拘ラス必要アリト認ムル時ハ有ラユル審理取調ヲ爲シ以テ保護處分ノ基礎ヲ蒐集スルヲ得ベシ故ニ彼ノ訴訟法ヲ一貫セル所謂不告不理ノ原則ハ審判ニ適用セラレサルモノトス

第二節　審判ノ範圍及內容

少年審判所ニ於ケル審判ノ範圍ハ主トシテ事件受理ノ範圍ニヨリテ定マル即チ前述シタル如ク少年審判所ニ於テ受理シタル事件ニ付キ之カ審判ヲ爲スモノナリ然レトモ其事件ヲ調査スルニ際シ之ト關連シタル事實ヲ發見スルコトアルベク或ハ又關連セストスルモ該少年ニ就キ他ノ事件ヲ發見スルコトアルベク又其審判ニ際シ更ニ他ノ附帶セル幾多ノ事件ヲ發見スルコトアルベシ是等受理後ニ於テ發見シタル案件ニ付テモ審判ヲ爲シ保護處分ノ徹底ヲ期セザルベカラズ然リト雖個々ノ事件ニ付キ左ノ範圍ヲ出ルコトヲ得ズ

第一、陸軍刑法海軍刑法ニ該當スルモノニアラサルコトヲ要ス

十八才未滿ノ少年ト雖陸海軍刑法ニ所謂陸海軍所屬ノ學生生徒及軍人軍屬ノ犯行ニ係ル時ハ少年法ヲ適用セス各所屬ノ陸海軍刑法ニヨルヘキモノナルカ故ニ之ニ對シテハ素ヨリ審判ヲ爲スヲ得ス蓋シ陸海軍ノ規律ノ下ニ絶對服從ノ干係ニアル叙上ノ者ハ假リニ少年ナリト雖之ニ本

法第四條ノ保護處分ヲ加フル時ハ軍規軍律上支障ヲ來ス虞アレバナリ去レハ少年法第三條ハ之ヲ除外セリ

第二、刑事手續ニヨリ審理中ノ者ナラサルヲ要ス

抑モ起訴權ハ檢事ノ權限ニ專屬セルモノニテ刑事政策上ノ見地ヨリ檢事ニ於テ少年ニ對シ刑事訴追ヲ爲スヘキモノトシテ之ヲ起訴シ裁判所ニ於テモ亦之カ審理中ナル時（若シ裁判所ニ於テ保護處分ニ付スルヲ相當ト認ムル時ハ少年審判所送致ノ決定ヲ爲スヘキモノナルニ拘ラス其之ヲ爲サザルハ裁判所ニ於テモ亦刑事處分ヲ爲スモノナルコトヲ推知シ得ヘシ）ハ少年審判所ノ審判ニ付セス即チ刑事處分ト保護處分ト競合シタル時ハ前者ヲシテ後者ニ優越セシムルモノトス蓋シ刑事處分ヲ加フヘキヤ否ヤハ檢事及裁判所ノ專權ニ委シタルモノナルニ拘ラス更ニ之ニ保護處分ヲ加フル時ハ刑事處分ニ支障ヲ來タサシムルノミナラス同一少年ニ對シ一方ニ刑事訴追ヲ爲シテ刑事處分ヲ加ヘ他方審判ニ付シテ保護處分ヲ加フル時ハ矛盾シタル國家意思ヲ暴露スルニ至レバナリ故ニ少年法第二十八條第一項ハ刑事處分ト保護處分ト競合シタル場合ヲ豫

想シ刑事処分ヲシテ保護処分ニ優越セシムル爲メ刑事手續ニ依リ審理中ノ者ハ少年審判所ノ審判ニ付セスト規定シタリ

第三、大審院ノ特別權限ニ屬スル罪ヲ犯シタルモノニアラサルコトヲ要ス

大審院ノ特別權限ニ屬スル罪ハ皇室ニ對スル危害罪内亂罪及皇族ノ犯シタル罪ニシテ禁錮以上ノ刑ニ處セラルヘキモノニシテ事態頗ル重大ニシテ絶對ニ審判ニ付セサルモノニテ少年法第二十六條ニ規定シタリ

第四、死刑無期又ハ三年以上ノ懲役若クハ禁錮ニ該ルヘキ罪ヲ犯シタル者ニシテ裁判所又ハ檢事ヨリ送致ヲ受ケタル場合タルコトヲ要ス

少年審判所ニ於テ通告又ハ認知ニヨリ事件ヲ受理シタル場合ニ其事件カ本件犯罪ヲ犯シタルモノナル時ハ該事件ニ付キ檢事ニ於テ刑事訴追ヲ爲スヘキヤ又ハ保護處分ヲ加フヘキモノトシ

テ少年審判所ニ送致スヘキヤ否ヤヲ確メサルベカラズ若シ検事ニシテ該事件ヲ送致シ來ラサル時ハ審判ニ付スルヲ得ス本號ニ列記シタル犯罪ハ何レモ放火殺人尊族親傷害致死爆發物取締罰則等罪質頗ル重大ニシテ國家ノ安寧秩序維持上處罰セサルヘカラサル場合少ナカラスシテ刑事政策ニ基キ之ヲ起訴スヘキヤ否ヤハ検事ノ專權ニ委シタルモノナレバナリ去レバ假リニ少年カ十四才以上十六才未滿ノモノナリト雖尚検事ノ送致アルニアラサレバ審判ヲ爲スヲ得サルナリ

第五、十六才以上十八才未滿ニシテ罪ヲ犯シタル者ニ付テモ裁判所又ハ検事ヨリ送致ヲ受ケタル場合タルコトヲ要ス

少年ハ概シテ身體精神ノ發育十分ナラス其發達ノ道程ニ在リ從テ思慮分別十分ナラス十六才以下ニ於テ特ニ然リトス去レハ十六才以下ニシテ罪ヲ犯シタルモノハ裁判所又ハ検事ノ送致ナシト雖少年審判所ハ審判ヲ爲スコトヲ得然レ𪜈《ドモ》十六才以上ニ達スル時ハ心身共比較的ニ發達シ稍正邪ノ判斷ヲ爲シ得ルモノアルヲ以テ其情狀ノ如何ニヨリ該少年ニ付テモ刑事訴追ヲ爲スヘキヤ否ヤニ付テハ検事裁判官ニ一任シタルモノナルヲ以テ裁判所又ハ検事ヨリ其送致ナキ限

リ審判ニ付スルヲ得サルモノトス第四第五ニ付テハ少年法第二十七條ニ規定シタリ

第六、十四歳未満ノ少年ニ付テハ地方長官ノ送致アルコトヲ要ス

第五章第四ニ付キ説明シタル如ク十四才未満ノ少年ニ付キ審判ニ付スヘキヤ否ヤハ一ニ當該地方長官ノ權限ニ委シタルモノナルヲ以テ其送致アルニアラサレハ審判ヲ爲スヲ得ス通告ニヨリ受理シタル事件若クハ認知事件トシテ受理シタル事件又ハ裁判所檢事ヨリ送致ヲ受ケタル事件ト雖調査ノ結果其少年カ十四才未満ナルコトヲ發見シタル時ハ少年審判所ノ審判ニ付スヘキヤ否ヤヲ地方長官ニ確メ其送致アルニアラサレハ審判ヲ開始シ保護處分ヲ加フルヲ得ス

審判ヲ爲シ得ベキ範圍ハ右第一乃至第六ヲ出ツルコトヲ得ス而シテ其審判ノ内容ハ左ノ二ナリ

1、法令ニ觸ルル行爲

法令ニ觸ルルトハ多クノ場合犯罪ヲ云フナリ即チ少年カ犯罪ヲ爲シタルヤ否ヤヲ審理シテ保護處分ヲ加フルモノナリ然レ𪜈《ドモ》法令ニ觸ルルトハ必シモ犯罪ノミヲ指稱スルニアラス犯罪トハ

刑罰ヲ制裁トシタル行爲ニシテ故意又ハ過失ヲ伴フ責任能力者ノ違法行爲ナリ去レハ責任無能力者ノ行爲ハ之ヲ犯罪ト云フヲ得ス即チ十四歳未滿者ハ責任無能力者ナルヲ以テ之カ他人ノ金品ヲ窃取シタリトスルモ刑法上所謂犯罪行爲ヲ爲シタリト云フヲ得ス又刑罰ノ制裁ナキモノハ犯罪ト云フヲ得ス未成年者ノ飲酒喫煙モ亦之ヲ犯罪ト云フヲ得ス刑罰ノ制裁ナケレハナリ然レトモ之等ハ何レモ未成年者禁酒法未成年者禁煙法ナル法律ニ觸ルル行爲ヲ爲シタリト云フヲ得ヘシ故ニ法令ニ觸ルル行爲ヲ單ニ犯罪トノミ解スル時ハ十四歳未滿者ノ犯行ヲ包含セシムルヲ得ス又刑罰制裁ノ伴ハザル未成年ノ飲酒喫煙等ヲモ包含セシムルヲ得サルヲ以テ法ハ犯罪行爲ト云ハスシテ廣ク法令ニ觸ルル行爲ナル文字ヲ使用シタルモノナリ然シナカラ法令ニ觸ルル行爲中ノ大部分ハ多ク犯罪行爲ナルヲ以テ先キニ多クノ塲合犯罪ヲ指稱スト爲シタルナリ故ニ犯罪少年ト稱スル時ハ十四歳以上十八歳未滿ニシテ犯罪行爲ヲ爲シタルモノノミヲ指稱シ其以外ニシテ法令ニ觸ルル行爲ヲ爲シタルモノ即チ飲酒喫煙ヲ爲ス少年若クハ十四歳未滿ニシテ窃盜等ニ該當スル行爲ヲ爲シタルモノヲ前者ニ對照シテ不良少年ト云フヲ得ヘシ然レ𪜈《ドモ》一般ノ慣行ハ之等ヲ總括シ尚且後ニ説明スヘキ法令ニ觸ルル行爲ヲ爲ス虞アルモノヲモ包含セシメテ不良少年ト爲スモノノ如シ不良少年ナル稱呼ノ妥當ナルヤ否ヤハ今茲ニ之ヲ言ハズ

2、法令ニ觸ルル行爲ヲ爲ス虞アル場合

本項ハ未ダ法令ニ觸ルル行爲ヲ爲ササルモ其之ヲ放任ニ於テハ終ニ法令ニ觸ルル行爲ヲ爲スニ至ル狀況ニ在ル場合ヲ云フ詳言セハ其少年ニ保護ヲ加ヘザル時ハ必至的ニ犯罪行爲等ヲ爲スニ至ルベシト思料セラルル場合ナリ例ヘバ未タ犯罪ヲ爲サズ飲酒喫煙等ヲ爲ササルモ怠惰ニシテ保護者ノ命ニ從ハズ金錢ヲ浪費シ或ハ買淫投機其他不良娯樂ニ耽リ若クハ浮浪スル者（浮浪罪ニ觸ルルモノハ前項ニ該當スルヲ以テ浮浪罪ニ該當セザル程度ニシテ浮浪スルモノ）ノ如キハ若シ之ヲ保護セス放任スル時ハ必然的ニ法令ニ觸ルル行爲ヲ爲スニ至ルベシ故ニ法ハ之ニ保護處分ヲ加ヘ犯罪等ヲ防止セントスルモノナリ前項ニモ犯罪行爲ノ外所謂不良行爲ヲ包含スル場合アルモ本項ハ純然タル不良行爲ト云フヲ得ベシ

要之ニ審判ノ内容ヲ爲スモノハ所謂犯罪行爲ト不良行爲トナリ

第九章　審判ノ形式（外形）

審判ハ前述セシ如ク直接口頭審理ヲ爲シ實体的眞實ヲ發見シ之ニ適當ナル保護處分ヲ加ヘ犯罪行爲乃至不良行爲ヲ鎭壓豫防セントスルニ在ルヲ以テ

第一、少年審判官及少年審判所書記ハ必ス審判期日ニ出席スルヲ要ス

民刑裁判ノ構成員タル判事書記檢事ト等シク審判ノ構成員タル少年審判官及書記ハ必ス審判期日ノ全部ニ出席セザルヘカラズ少年法第四十三條ハ審判期日ニハ必ス少年審判官及書記ノ出席スベキコトラ命ス書記ハ審判ニ關スル書類ノ調製ヲ掌ルノミナラズ法ハ審判ニ付テハ始末書ヲ作リ審判ヲ經タル事件及終結處分ヲ明確ニシ其他必要ト認メタル事項ヲ記載スベシト强要セルヲ以テ其之ヲ缺クニ於テハ審判ヲ遂行スルヲ得サルベシ

第二、少年保護司ハ審判期日ニ出席スルコトヲ得

少年保護司ハ少年審判所職員ナルモ審判構成員ニアラズ然レ𪜈《ドモ》審判事件ニ關シ少年審判官ヲ補佐シ審判ノ資料ヲ供スル職責ヲ有スルノミナラズ其事件ニ付キ調査ヲ爲シタル時ハ一切ノ事情ヲ知悉スルヲ以テ審判期日ニ出席シ保護上ノ意見ヲ述ベシムルコトヲ得セシメタリ然レ𪜈《ドモ》審判構成員ニアラサルヲ以テ必ス出席スルヲ要スルモノニアラズ其出席ナシト雖審判ニ缺クル所ナシ其必要アリト認メタル場合ニ少年保護司ニ出席權ヲ認メタルモノトス

第三、少年ハ必ス審判期日ニ出頭セシムルヲ要ス

少年ハ審判ノ客体ナルヲ以テ必ス審判期日ニ出席セシムルコトヲ要ス直接審理ヲ爲シ實体的ニ眞實ヲ發見セントスルノ見地ヨリスルモ少年ノ出頭ヲ要スルノミナラズ少年ニ直接シ親シク其言語動作ヲ實見シ心身ノ狀況其他ノ事情ヲ洞察シテ審判ヲ遂ケ適切ナル保護處分ヲ加フルモノナルヲ以テ必ス少年ノ出頭ヲ要ス少年法ハ書面審理ニヨル缺席審判ナルモノヲ認メサルナリ

只少年保護司保護者附添人等カ審判ニ際シ意見ヲ陳述スル時ハ一時少年ヲ退席セシムヘキ旨ヲ規定セリ之ハ少年保護上ニ關スル之等ノ意見ヲ直接少年ニ聽カシムル時ハ或ハ少年ノ感情ヲ害シ或ハ保護者ヲ薄情ナリト誤解セシメ自暴自棄ニ陥ラシムルコトアリテ少年ノ保護矯正教養上等ニ悪影響ヲ及ボスコトアレバナリ故ニ之ヲ少年ニ聽カシムルモ何等妨ケナシト認ムル時ハ少年ヲ在席セシムルコトヲ得ルモノトス

第四、保護者附添人參考人ハ審判期日ニ出席スルコトヲ要ス

法ハ審判期日ニ保護者附添人ヲ呼出スベシト規定シ又參考人ニ出頭ヲ命スルコトヲ得ト規定セルノミナラズ保護者ハ少年ノ保護上最モ重要ナル利害關係アリテ保護上ニ付キ意見ヲ陳述スル權利ヲ有シ且多クハ過去ニ於ケル少年ノ境遇等ヲ知悉セルヲ以テ之ヲ供述セシムル要アルベク又附添人ハ少年ニ代ハリ事情等ヲ陳述シ少年ヲ補佐スルノ任ニアルヲ以テ審判ニ際シ意見ヲ陳述スル權利アリ又參考人ハ必要ナル事實ノ供述ヲ爲シ精神身體ノ鑑定ヲ爲スベキ責務アルヲ以テ呼出ヲ受ケタル之等ノモノハ審判期日ニ出頭セザルベカラズ然レドモ必要ナシト認ムル時

ハ附添人ヲ付スルコトヲ要セス又參考人ヲ呼出スノ要ナカルベク保護者ト雖實益ナシト認ムル時ハ勿論之ヲ叫出スノ要ナキナリ

第五、審判ハ之ヲ公行セズ

審判不公行トハ裁判所ノ民事裁判刑事裁判ニ於ケルカ如ク審判ヲ一般公衆ニ傍聽セシメズシテ秘密ニ之ヲ行フヲ云フ裁判ハ人ノ權利利益自由等ニ制限ヲ加ヘ當事者ニ重大ナル利害關係アルヲ以テ其審理裁斷ノ公平ヲ維持セシムル爲メ一般公衆ニ公開スルモノナルモ審判ハ之ト異ナリ主トシテ少年ニ保護處分ヲ加ヘ之ヲ矯正教養シ犯罪等ヲ鎭壓豫防シ社會ヲ淨化セントスルニ在リテ若シ之ヲ一般公衆ニ公開センカ思慮圓熟セス摸倣シ易キ少年ニ惡影響ヲ及ボスノミナラズ當該少年ノ素行非行等ヲ曝露シ其自尊心ヲ傷ケ自暴自棄ニ陷ラシムル虞アリ審判ノ公開ハ何等實益ナク却テ少年保護ノ妨害トナルヲ以テ少年法第四十五條モ亦之カ不公行ヲ規定セリ然レ𪜈《ドモ》或限ラレタル者即チ少年ノ親族保護事業ニ從事スル者其他適當ト認メタル者ヲシテ在席セシムルモ審判不公行ノ趣旨ニ反セサルノミナラズ多クノ塲合少年ノ親族又ハ保護事業ニ從事

スル者ハ少年ノ環境ヲ知リ少年ノ性癖素行交友等ニ詳シク其供述又ハ意見ハ少年ノ保護処分ニ資スル所アリ其他ノ者ト雖時ニ少年ノ保護乃至少年保護事業等ニ理解ヲ得セシムル等ノ利益アルヲ以テ少年審判所ノ許可ヲ得タル是等ノ者ハ在席スルコトヲ得ベシ

第十章　審判ノ回避

訴訟法ニ於テハ判事ノ除斥忌避及回避ノ制度ヲ認メ判事ヲシテ公平ヲ保ツコト能ハサル事情存スル時即チ判事カ被害者又ハ當事者ナルカ若クハ其親族等ノ干係アル時ハ例令其判事ニシテ公平無私ノ意思ヲ有スルモ世人必スヤ之ニ疑ヲ挿ミ爲メニ司法權ノ威信ヲ傷ツクル虞アリトシ其判事ヲシテ當然其事件ニ對シ職務ヲ行使スルコトヲ禁止シタリ之ヲ除斥ト云フ除斥ノ原因存スル場合又ハ偏頗ナル裁判ヲ爲スコトヲ疑フニ足ルベキ狀況アル時ハ訴訟關係人ヨリ判事ヲ忌避スルコトヲ得ベシ然シナカラ審判ハ裁判ト其趣ヲ異ニセルヲ以テ除斥忌避ノ規定ヲ設ケサルナリ去レド保護處分モ亦少年ノ身体自由等ニ重大ナル影響ヲ及ボスヘキモノナルヲ以テ少年審判官ニ於テ審判ノ公平ニ付キ世人ヲシテ嫌疑ヲ抱カシムベキ事由アリト思料シタル時ハ自ラ進ンデ職務ノ執行ヲ避ケシムルヲ適當ト認メ回避ノ制度ノミヲ認メタリ少年法第二十二條何トナレバ少年審判官ガ自身公平ニ審判シ得ルト確信スルモ少年ノ犯行等ニヨリテ損害ヲ受ケタル被害者又ハ其被害者ノ親族等ニシテ關係人ヲシテ審判ノ公平ニ付キ嫌疑ヲ生セシムル時ハ少年并

ニ關係人ヲシテ保護處分ニ信頼セシムルヲ得ス從テ保護ノ目的ヲ達スルコト至難ナル場合アルヲ以テ少年審判官ヲシテ斯カル場合ニ職務ノ執行タル審判ヲ回避セシムルモノナリ然レ𪜈《ドモ》若シ萬一回避スベキ事情アルニ拘ラズ審判官自ラ進ンテ之ヲ回避セサル場合アリトスルモ訴訟法ノ如ク嚴格ナル除斥忌避ノ如キ制度ヲ設ケサルモ行政官タル審判官ニ對シテハ他ニ之カ救濟ヲ爲ス途アルベキヲ以テ强テ之カ規定ヲ爲サザリシモノナルベシ

第十一章　審判ノ順序

少年審判所ニ於ケル審判ノ順序等ニ付テハ少年法ニ何等ノ規定アルコトナシ然レ𪜈《ドモ》大体ニ於テ左ノ順序ニヨルヲ普通トス

第一、少年ニ對スル人的關係ノ審問

少年審判官ハ先ツ少年ノ氏名年齢身分職業原籍出生地住所生立教育程度親族關係等ヲ取調ベサルヘカラス之レ其少年ノ人違ナラサルヤ否ヤ十四歳未満ニシテ地方長官ノ途致ヲ必要トスヘキモノニアラサルヤ否ヤ十六歳以上十八歳未滿ノ犯罪行爲ニシテ檢事送致ヲ必要トスルモノナルヤ否ヤ心身發育ニ異狀ナキヤ否ヤ等其他審判ニ必要ナル條件ノ欠缺ナキヤ否ヤ等ヲ確ムルニ必要アレバナリ

第二、少年ニ對スル事實關係ノ審問

裁判所ニ於ケル訴訟ニ於テハ原告官ノ事件ノ陳述若クハ原告ノ事實ノ陳述主張等ヲ要スルモ審判事件ニハ固ヨリ此事ナク少年審判官ハ少年ノ人違ナラサルコト等ヲ確メタル時ハ随時廣義ニ於ケル事件關係即チ不良行爲犯罪行爲ノ存否少年ノ該事實ニ對スル認否證據辯解觀想犯行ノ動機原因遠由等ヲ取調べ保護處分要否ノ認定ニ資セサルベカラズ

事實審問ニ關聯シテ保護者附添人參考人等ヲ取調フルノ必要アルベク或ハ醫師ノ診察ヲ必要トスル場合アルベク若クハ鑑定ラ要スル場合モアルベク到底之ヲ一概ニ律スルヲ得サルベシ

第三、出席シタル少年保護司保護者附添人ノ意見ノ陳述

事實審問前ニ於テモ少年保護司保護者附添人ハ少年ニ對スル保護處分等ニ付キ豫メ意見ヲ陳述シ得ルモ事實關係ノ審問ノ前ニ於ケル之等ノ者ノ豫斷ハ少年ノ心理狀況反省悔悟ノ程度其他情況ノ變化ニヨリ必シモ審判終結後ノ保護處分ト一致スルモノニアラサルノミナラス保護者等

ノ豫斷ハ時ニ或ハ少年ヲシテ失望セシメ自暴自棄ニ陥ラシムルコトナキニアラサルヲ以テ少年ニ對スル事實關係其他ヲ審問シタル後ニ於テ其意見ヲ陳述セシムルコト最モ妥當ナルベシ

第四、審判終結（終結處分）

年少［少年］審判所ニ於テ以上ノ如ク諸般ノ資料ヲ蒐集シ且少年保護司保護者附添人參考人等ノ意見又ハ鑑定ノ結果等ヲ參酌シ最後ノ處分タル終結處分ヲ爲シ審判ヲ終結セシムルモノトス此處分ハ必シモ保護處分ノミニ限ラズ或ハ刑事處分ノ爲メ檢事ニ送致スルコトアルベク或ハ保護處分ヲ加ヘサルノ決定ヲ爲スコト等アルベシ此終結處分ニ付テハ更ニ章ヲ改メテ詳細ニ説明スルノ要アルベシ

第十二章　終結處分

少年審判所カ敍上ノ手續ヲ經テ審判ヲ終了シタル時ハ之カ終結處分ヲ宣言セザルベカラズ

終結處分トハ少年事件ヲ明確ニシ主トシテ刑事政策ニ基キ檢事送致及保護處分ヲ宣言スル不服申立ヲ許サザル行政處分ナリ

終結處分ハ保護處分ナリト速斷スルモノナキニアラスト雖誤ナリ終結處分ハ保護處分ノミナラズ其他事件ヲ終局セシムベキ一切ノ處分ヲ指稱スルモノナリ刑事處分ニ付スル爲メ檢事ニ送致スベキ處分ヲ爲スモ亦終結處分ナリ少年法第四十六條ニハ少年審判所審理ヲ終ヘタル時ハ第四十七條乃至第五十四條ノ規定ニヨリ終結處分ヲ爲スベシト規定セリ即チ事件ヲ終局セシムヘキ處分ヲ命シタルモノナリ而〆《シテ》第四十七條乃至第五十四條ハ刑事訴追ヲ求ムル爲メ事件ヲ管轄裁判所ノ檢事ニ送致スベキ所謂檢事送致ノ終結處分及九種類ノ保護處分ヲ宣言スル終結處分ヲ規定シタルモノナルヲ以テ終結處分トハ恰モ此二ツノ宣言ニ限定セラレタル觀ナキニアラスト雖終結處分ハ單ニ此二者ニ止マラズ他ニ審理ヲ終リ事件ヲ終局セシムベキ場合之ナキニアラ

ズ例ヘハ少年審判所カ審理ヲ終ヘタル時ト雖少年ニ不良行爲若クハ犯罪行爲ヲ認ムルコトヲ得サル場合アルベシ此場合ニハ固ヨリ保護處分ヲ爲スノ根據ナキヲ以テ右二者以外ノ宣言ヲ必要トスベク又假リニ之ヲ認メ得ベシトスルモ不良性徴弱ニシテ保護處分ヲ加フルノ要ナキ場合ナキニアラズ又少年カ十四歳未滿ナルニ拘ラス地方長官ヨリ之カ事件ノ送致ヲ肯ンゼザルコト判明シタル場合（審判ヲ開始セサル前ニ是等ノ事情判明シ審判不開始ノ決定ヲ爲スハ茲ニ所謂終結處分ト同視スルヲ得ザルハ明白ナルベシ）等ニハ終結處分トシテ保護處分ヲ加ヘザル旨ノ宣言ヲ爲ス必要アルベシ又或ハ少年ノ保護者カ他ノ少年審判所管内ニ居住シ少年モ亦其管内ニ移住スルニ至リ該少年審判所ニ移送シテ保護處分ヲ加ヘシムルヲ適當ト認ムル場合モアルベシ此場合ニモ又終結處分トシテ他ノ少年審判所ニ移送スルノ宣言ヲ爲サザルベカラズ去レバ終結處分ハ數箇ノ宣言即チ檢事送致ノ宣言保護處分ヲ加フルノ宣言他廳移送ノ宣言保護處分ヲ加ヘザルノ宣言等ヲ包含スルモ後者ハ其場合多カラサルヲ以テ前記定義ニハ主トシテ檢事送致保護處分ヲ加フルノ宣言ナリト定義シタル所以ナリ此處分ノ性質ニ付テハ後ニ保護處分ノ節ニ詳述スベキモ此終結處分ハ數箇ノ宣言ヲ包含スルモ只其目的内容ヲ異ニスルノミニシテ司法處分ニアラズ行政處分ナリ而モ不服申立ヲ許サス宣言ニヨリテ確定スルモノナリ

第一節　檢事送致ノ宣言

少年審判所カ事件ヲ受理シ少年保護司ヲシテ諸般ノ調査ヲ爲サシメタル結果該事件カ大審院ノ特別權限ニ屬スル犯罪ナルコトヲ發見シタル時ハ素ヨリ審判ヲ開始スルノ要ナク審判不開始ノ決定ヲ爲シ之ヲ當該檢事ニ送致スルノ手續ヲトルベク或ハ通告又ハ認知事件トシテ受理シタルモノニシテ刑事政策上刑事訴追ヲ要スルモノト認メタル時ハ亦審判開始ノ要ナカルベク審判不開始ノ決定ヲ爲シ事件ヲ當該檢事ニ送致スベク或ハ又檢事ヨリ送致セラレタル事件ニシテ更ニ新ナル事實ノ發見ニヨリ檢事訴追ヲ必要ト認メタル場合ニ於テモ亦進ンデ審判ヲ開始スルノ要ナク審判不開始ノ決定ヲ爲シテ事件ヲ管轄檢事ニ送致スル手續ヲトルベシ以上ハ總テ進ンデ審判開始ノ必要ヲ認メスシテトルベキ手續ナルモ少年審判所ニ於テ調査ノ結果審判ヲ開始スルノ要アリト認メ一旦審判ヲ開始シタル後ニ於テ叙上ノ條件ニ該當スルコトヲ發見シタル時ハ該審判ヲ終結セシメザルベカラズ（此場合ニハ一旦審判ヲ開始シタルモノナルヲ以テ審判不開始ノ決定ヲ爲スハ其當ヲ得ザルコト勿論ナリ）即チ此場合ハ所謂終結處分トシテ檢事ニ送致スルノ宣言ヲ爲シ事件ヲ終了セシムルモノナリ而〆《シテ》審判開始前ノ檢事送致手續ト審判開始後終結處

分トシテ検事送致ノ宣言トハ形式上自ラ區別アルヲ知ルベシ何トナレバ後者ニ付テハ法カ審判始末書ヲ作成セシメ審判ヲ經タル事件及終結處分ヲ明確ニシ其他必要ト認メタル事項ヲ記載スベキヲ命シ終結處分ヲ爲スベシト規定セルニ拘ラズ前者ハ只事件取扱ノ一手續ニシテ終結處分ニアラサルヲ以テナリ

検事送致ノ終結處分ヲ爲スベキ場合左ノ如シ

1、事件カ大審院ノ特別權限ニ屬スル時

大審院ハ裁判所構成法第五十條ノ規定ニヨリ

刑法第七十三條及第七十五條即皇室ニ對スル危害罪

刑法第七十七條乃至第七十九條即内亂ニ關スル罪

皇族ノ犯シタル罪ニシテ禁錮以上ノ刑ニ處スヘキ場合

ハ特別權限ヲ有スルモノナリ是等ノ場合ハ事態極メテ重大ニシテ國體國權ノ基礎國家ノ存亡ニ關シ多クハ極刑ヲ以テ望ムベキ場合ニシテ大審院ノ特別權限ニ屬スルモノナルガ故ニ之ニ保護處分ヲ加フルハ適當ナラズ去レハ少年法第二十六條ハ之ヲ審判ニ付セスト規定セリ

故ニ若シ審判開始前ニ此事判明セハ固ヨリ審判ヲ開始スベキニアラザルガ故ニ其手續ヲ爲ス

ベキモノナルモ少年審判所ニ於テ之カ審判ヲ開始スベキモノト認メ審判ヲ開始シタル後ニ至リ萬一ニモ右ニ掲ケタル大審院ノ特別權限ニ屬スルモノナルコトヲ發見シタル時ハ罪質頗ル重大ニシテ絶對ニ審判ニ付セサルモノナルヲ以テ大審院檢事ニ送致スルノ終結處分ヲ爲サザルベカラズ何トナレバ一旦審判ヲ開始シタルモノナルヲ以テ假リニ自己權限ニ屬スルノ故ヲ以テ何等終結處分ヲ爲サズ只漫然トシテ事件ヲ終了セシムルヲ得ズ其開始シタル審判ヲ終局セシムルノ手續ヲ講シ終結處分ヲ爲サザルベカラザルノミナラズ大審院檢事ノ權限ニ屬スルヲ以テ終結處分トシテ檢事送致ノ決定ヲ爲ス外ナケレバナリ

2、刑事訴追ノ必要アリト認メタル時

少年ノ性行事件ノ大小等ニヨリ少年ニ刑事上ノ處分ヲ爲スヲ相當ト認メタル時ハ管轄檢事ニ送致スヘキモノトス

イ、通告事件又ハ認知事件トシテ受理シタルモノナル時

裁判所又ハ檢事ヨリ送致セラレタル以外ノ刑事々件即チ保護處分ヲ要スル少年ナリトシテ少年審判所ニ通告セラレタル事件又ハ少年審判所ニ於テ認知シタル刑事々件ニシテ諸般ノ調査ヲ爲サシメタル結果審判開始前刑事訴追ヲ要スルモノト認メタル時ハ進ンテ審判ヲ開始スルノ要

ナク検事送致ノ手續ヲ執ルベキモ調査ノ結果保護處分等ヲ加フル爲メ審判ヲ開始スヘキモノト認メ審判ヲ開始シ審問ノ結果其罪質若クハ少年ノ習癖性行等ニ照シ刑事政策上ノ見地ヨリ刑事訴追ノ必要アリト認メタル時ハ職權ヲ以テ事件ヲ管轄裁判所ノ檢事ニ送致スルノ終結處分ヲ爲シ以テ審判ヲ終局セシメサルベカラズ少年法第四十七條ニモ審理ヲ終ヘタル時刑事訴追ノ必要アリト認メタルトキハ事件ヲ管轄裁判所ノ檢事ニ送致スベキ旨ヲ規定セリ此場合ニハ何等檢事ノ意見ヲ求ムルノ要ナシ然レ𪜈《ドモ》實際ニ於テハ其意見ヲ徴スルニアラサレバ刑事處分ヲ加ヘントスルノ所期ノ目的ヲ達スルコトヲ得ザルベシ

ロ、裁判所又ハ檢事ヨリ送致アリタル事件ニシテ新ナル事實ノ發見ニヨリ刑事訴追ノ要アリト認メタル時

裁判所又ハ檢事ヨリ一定ノ犯罪事實ニ基キ少年事件ヲ少年審判所ニ送致セラレタルモノナル時ハ調査ノ結果少年審判所ニ於テ假リニ其事實ノミニヨリ刑事訴追ヲ要スルモノト認メタリトスルモ絶對ニ之ヲ檢事ニ送致スルヲ得ス何トナレバ裁判所又ハ檢事ニ於テ刑事政策上ノ見地ヨリ裁判ヲ爲スニ適セス若クハ起訴スベキモノニアラズ保護處分ヲ加フヘキモノトシテ審判所ニ送致シ來リタルモノニテ此場合ニハ該事件ヲ裁判スベキカ否カ又ハ刑事訴追ヲ爲スベキカ否カ

ハ裁判所又ハ檢事ノ專權スルモノナレバナリ然レ𪜈《ドモ》調査セシメタル結果更ニ新ナル事實ヲ發見シ刑事訴追ノ要アリト認メタル時ハ進ンデ審判ヲ開始スルノ煩ヲ避ケ新事實發見刑事訴追ノ要アル趣ヲ以テ管轄檢事ノ意見ヲ聽キ檢事ニ送致スルヲ得ベシ

然ルニ一旦審判ヲ開始シタル後ニ至リ新ナル事實ヲ發見シ刑事訴追ノ要アリト認メタル時ハ檢事ノ意見ヲ聽キ終結處分トシテ檢事送致ノ決定ヲ爲スベキモノトス

一、**新ナル事實ヲ發見シタルコトヲ要ス**

法律カ新ナル犯罪ト規定セサリシハ犯罪ノ外他ノ幾多ノ事實ヲ包含セシメタルモノト解セサルベカラス即チ新ナル犯罪ヲ發見シタル時ハ勿論傷害罪トシテ送致セラレタルニ其後被害者死亡シタル新事實アリテ傷害致死罪若クハ殺人ナルコト判明シタル場合窃盗トシテ送致セラレタルニ强盗ナリシ事實判明シタル場合失火事件トシテ送致セラレタルモノガ放火ナリシコト判明シタル場合少年カ十八才以上ニ達シタルモノナルコト判明シタル場合少年カ前科者タルコト判明シタル場合若クハ少年カ全然僞名シ居リテ性質素行經歷等ニヨリ頗ル獰猛執拗ニシテ到底保護處分ニ適セサル場合等ヲモ包含セシメタルモノト解スルヲ得ベシ

二、**刑事訴追ノ要アリト認ムル事ヲ要ス**

新ナル事實ヲ發見シタリトスルモ必シモ常ニ刑事訴追ヲ要スベキモノニアラス司法保護ノ立場ヨリスレバ必スヤ多クノ場合保護處分ヲ加フルノ必要アルベク其刑事訴追ヲ要スル場合ハ犯罪ノ性質輕重性行ノ如何等ニヨル特殊少數ノ場合ニ限ラルベシ

三、**檢事ノ意見ヲ聽ク事ヲ要ス**

少年審判所ニ於テ審理ノ結果該少年ニ付キ刑事訴追ノ要アリト認メタリトスルモ起訴權ヲ掌握セル檢事ノ意見ヲ聽カサル時ハ刑事訴追ノ目的ヲ達スルヲ得サルベシ法文ヲ案スルニ檢事ノ同意ヲ要スル旨ノ規定ナク單ニ檢事ノ意見ヲ聽キトアルヲ以テ必シモ檢事ノ同意ヲ要スルコトナク其意見ヲ聽キタル以上ハ檢事ニ於テ反對ノ意思ヲ表示シタリトスルモ少年審判所ニ於テハ其處信ニ基キ檢事送致ノ終結處分ヲ爲スコト毫モ違法ニアラス唯實際問題トシテ檢事ニ於テ同意ヲ表セサル以上之ニ事件ヲ送致スルモ其送致ノ目的ヲ達スルコト能ハザルヲ以テ其同意ヲ得テ送致ノ終結處分ヲ爲スヲ妥當トスベシ

尚茲ニ一言スルノ要アリ少年審判所ニ於テ審判ヲ開始シタル後ニ刑事訴追ノ要アリト認メタルニアラズシテ調査ノ結果審判開始前刑事訴追ノ要アリト認メタル時ト雖進ンテ審判ヲ開始シ審理ヲ遂ゲ終結處分トシ檢事送致ノ宣言ヲ爲スコトヲ得ベク寧ロ審判ヲ開始セスシテ事件取扱

ノ一手續トシテ檢事ニ送致スルヨリモ理論上審判ヲ經テ終結處分トシテ檢事送致ノ宣言ヲ爲スヲ本則トスベキガ如シ然リト雖飜テ考フレバ一タビ成規ノ手續ヲ經テ審判ヲ開始シ審理ヲ逐ゲ終結處分ヲ爲ストキハ前ニ説明シタルガ如ク一事不再理ノ元則ノ適用上該事件ヲ檢事ニ於テ起訴セス止ムナク之ニ保護處分ヲ加ヘントスルモ一事ヲ再理シ得ザル不利アルノミナラズ何等格段ナル効果ヲ期待シ得ザルニ拘ラズ（審判ヲ開始セスシテ檢事ニ送致スル手續ヲトルト審判ヲ開始シテ終結處分トシテ檢事ニ送致スルトニ於テ）進ンテ審判手續ヲ開始シ少年關係人等ヲ呼出シ審理ヲ終結シ成規ノ調査ヲ作成スル等繁雜ナル手續ヲトルノ要ナカルベキナリ

第二節　他廳移送ノ宣言

裁判所ハ其ノ管轄ニ屬セサル訴訟事件ヲ取扱フコトヲ得サルヲ以テ管轄ノ有無ニ關シテハ職權ヲ以テ之ヲ調査スベキヲ原則トス假リニ管轄ヲ有セストスルモ事件ノ移送其他適當ナル手續ヲトルベク又管轄アリトスルモ損害又ハ遲滯ヲ避クル爲メ必要アリト認メタル時ハ適當ナル移送ノ裁判ヲ爲サシムベク法ハ之ガ詳細ノ規定ヲ爲セリ

少年法ニハ訴訟法等ニ於ケルガ如ク移送ニ關スル規定ナシト雖モ一旦受理シタル事件タルノ故ヲ以テ甚ダシキ不便ヲ忍ビ多額ノ費用日子等ヲ徒費スルノ要ナキヲ以テ便宜ノ方法ヲ講ジ適切ナル保護處分ヲ加フベキハ當然ナリ去レバ少年審判所ニ於テ受理シタル事件ニ付キ少年保護司ヲシテ調査セシメタル結果少年若クハ保護者等ガ他ノ少年審判所管內ニ移住シ居リテ其呼出等ニ困難ヲ感ジ其他多額ノ費用等ヲ要シ審判ヲ爲スニ不便アリテ少年所在地ノ少年審判所ニ移送シテ審判セシムルヲ適當ト認ムル時ハ進ンデ審判ヲ開始スルノ煩ヲ避ケ該事件ヲ移送スル手續ヲトルベキモ然レ圧《ドモ》其審判ヲ開始シタル後ニ於テ叙上ノ事故判明シタル時ハ開始シタル審判ヲ終局セシメ終結處分トシテ該事件ヲ他廳ニ移送スルノ宣言ヲ爲サザルベカラズ

第三節　保護處分ヲ加ヘザル旨ノ宣言

事件ヲ受理シタル少年審判所ニ於テ該事件ニ付保護處分ヲ加フベキモノト認メ成規ノ手續ヲ經テ審判ヲ開始シ審理ノ遂行中諸種ノ事情判明シ爲メニ保護處分ヲ加フルヲ得ザルカ若クハ保護處分ヲ加フルヲ要セザルニ至リタル場合アルベシ前者ハ少年審判所ノ管轄ニ屬セザルカ又ハ

審判條件ノ欠缺等ニヨリ絶對ニ保護處分ヲ加フルヲ得ザルモノナルモ後者ハ保護處分ヲ加ヘ得ルニ拘ラズ環境其他ノ關係ニヨリ强テ保護處分ヲ加フルノ必要ナキニ至リタルモノナリ是等ノ場合ノ處置ニ關シ少年法ニハ何等ノ規定ナシ然レ𪜈《ドモ》法文ニ何等ノ規定ナキノ故ヲ以テ開始シタル審判手續ヲ漫然其儘放置スルヲ得ス若シ夫レ審判開始前ニ其事情判明セバ前ニ説明セル如ク審判ヲ開始セズ又ハ審判ニ付セズト爲スコトヲ得ベケンモ一旦審判ヲ開始シタルモノナルヲ以テ何等カノ方法ニヨリ其審判ヲ終結シ事件ヲ終局セシメザルベカラズ従テ審判ヲ終結セシムル以上之ガ適當ナル國家意思ヲ發表スルノ要アルベシ斯カル場合ニハ終結處分トシテ保護處分ヲ加ヘザル旨ノ宣言ヲ爲シ以テ事件ヲ終局セシムルコト盖シ妥當ナルベシ

（一）保護處分ヲ加フルヲ得ザル場合

1、少年十八歳以上ナル事判明セシ場合

少年ノ供述ハ勿論其保護者親族故舊乃至隣人雇主等ヲ調査スルモ少年ノ生年月日判明セズ身體精神ノ發育狀況等ニヨリ十八歳ニ滿タザルモノト推定シ保護處分ヲ加フベク審判ヲ開始シタ

ル後ニ於テ少年ノ戸籍生年月日等判明シ十八歳以上ニ達シタルモノナル時ハ少年法ニ所謂少年ニアラザルヲ以テ絶對ニ保護處分ヲ加フルヲ得ザルベシ斯カル場合ニハ先第一ニ保護處分ヲ加ヘザル旨ノ宣言ヲ爲スノ要アルベシ

此場合ハ民刑訴訟ニ於ケルガ如ク起訴其他ニヨリ時効ヲ中斷セシメ若クハ權利拘束ヲ生セシムル例ニ倣ヘ審判所ニ受理シタル際十八歳未滿ナル時ハ其後十八歳ニ達シタリトスルモ保護處分ヲ加フルコトヲ得ベシト論ズル者ナキニアラズト雖此點ニ關シ少年法ニ何等規定スル所ナキヲ以テ審判所ニ於ケル事件受理ニ民刑訴訟ニ於ケル起訴ノ如キ特別ノ効力ヲ附セシムルヲ得ザルノミナラズ審判時ニ於テ明確ニ十八歳ニ達シタルモノナル時ハ少年トシテ之ニ少年法ヲ適用スルコトヲ得ザルハ多辯ヲ要セザルベシ

2、刑事手續ニ依リ審理中ノ者ナル時

刑事訴追ヲ爲スベキ專權ヲ委ネラレタル檢事ニ於テ刑事政策上ノ見地ニ立チ少年ニ對シ刑事處分ヲ爲スノ必要アリト認メ之ヲ起訴シ刑事手續ニヨリ審理中ノ者ナルコトヲ發見シタル時ハ之ニ保護處分ヲ加フルヲ得ズ少年法第二十八條第一項ニ於テモ刑事手續ニ依リ審理中ノ者ハ少年審判所ノ審判ニ付セスト規定シ刑事處分ト保護處分ト競合シタル時ハ前者ヲシテ後者ニ優越

セシメタルモノナリ蓋シ少年ニ對シ刑事手續ニヨリ審理ヲ爲シ刑事處分ニ付シ更ニ保護處分ヲ加フルハ何等意味ヲ爲サザルノミナラズ却テ矛盾シタル國家意思ヲ曝露スルニ至レバナリ故ニ審判開始後ニ於テ此項ニ該當スル少年ナルコトラ發見シタル時ハ保護處分ヲ加フルコトヲ得ザルガ故ニ終結處分トシテ保護處分ヲ加ヘサル旨ノ宣言ヲ爲サザルベカラズ

3、十六歳以上十八歳以下ノ者ノ犯罪行爲ニシテ檢事裁判所ヨリ送致ナキ場合

少年カ十六歳未滿ナル時ハ其犯罪行爲ヲ爲シタルト否トヲ問ハズ少年審判所ニ於テ保護處分ヲ加ヘ得ベシト雖十六歳以上ニ達シタル者ナル時ハ多クハ其心身ノ發育是非ノ辨別等稍發達シ其犯行ノ程度其性格ノ如何ニヨリテハ刑事政策上少年ニ對シ刑事訴追ヲ爲スヲ要スト認メラルベキ場合ナキニアラズ而シテ十六歳以上ノ少年ニシテ犯罪ヲ爲シタル者ニ對シ保護處分ヲ加フベキヤ又ハ刑事訴追ニ付スルヲ相當トスベキヤハ檢事又ハ裁判所ノ判斷ニ委スベキモノナルヲ以テ是等ノ者ノ犯罪行爲ニ付テハ檢事裁判所ヨリ送致アルニアラザレバ少年審判所ニ於テ審判ニ付スルヲ得ス少年法第二十七條第一項第二號ノ規定スル所ナリ

固ヨリ少年保護司調査ノ結果少年審判所カ審判ヲ開始セザル以前ニ於テ十六歳以上ノ者ノ犯罪行爲ナル事判明シタル時ハ所謂檢事ニ交渉シ其送致手續アリタル時ニ審判手續ヲ開始シテ保

護處分ヲ加フベキモ若シ檢事ヨリ送致ノ手續ヲ肯ンゼザル時ハ審判ニ付セス若クハ審判不開始ノ決定ヲ爲スベキ事勿論ナリ然リト雖一旦審判手續ヲ開始シ進行シタル後ニ於テ此事判明シタル時ハ之亦檢事ニ交渉シ事件送致ノ手續アリタル時ハ問題ナキモ檢事ニ於テ送致手續ヲ肯ンゼザル時ハ法規上保護處分ヲ加フルコトヲ得ザルヲ以テ保護處分ヲ加ヘサル旨ノ宣言ヲ爲シ事件ヲ終結セシムル外ナキナリ

而〆《シテ》本項ヲ適用スベキ場合ハ例ヘバ通告事件認知事件ニシテ法令ニ觸ル行爲ヲ爲ス虞アルモノトシテ十六歲以上十八歲以下ノ少年ニ對シ審判ヲ開始シタル後ニ犯罪行爲アル事ヲ發見シタル場合又ハ十六歲以下ノ者ノ犯罪行爲トシテ審判ヲ開始シタル後ニ於テ其少年ガ十六歲以上ニ達シタル者ナルコト判明シタル場合等ナリ然レ𪜈《ドモ》實際ニ於テハ檢事送致ノ有無ニ拘ラズ保護處分ヲ加フルノ要アリト認メタル時ハ法令ニ觸ルル行爲ヲ爲ス虞アルモノトシテ保護處分ヲ加フルヲ得ベシ

4、　陸海軍刑法ニ該當スル場合

調査等ニ關シ少年其他關係者ニ於テ少年ノ身分ヲ隱蔽シタル等ノ關係ニヨリ保護處分ヲ加フベキモノトシテ審判ヲ開始シタルニ其後ニ至リ其少年カ陸海軍々人軍屬陸海軍學生生徒ナルコ

ト判明シタル時ハ軍規軍律ニ従フベク所謂陸海軍刑法ヲ適用スベキモノニシテ少年法ヲ適用セザルコトハ少年法第三條ニ規定スル所ナルヲ以テ保護處分ヲ加ヘ得ザルヤ勿論ナリ此場合ニモ亦保護處分ヲ加ヘサル旨ノ宣言ヲ必要トスルナルベシ

5、十四歳未滿ニシテ地方長官ヨリ送致ナキ場合

通告事件認知事件トシテ受理シタル事件若クハ檢事ヨリ十四歳以上トシテ送致セラレタル事件ノ審判手續ヲ開始シタル後ニ於テ其少年カ十四歳未滿ナルコト明確ナルニ至リタル時ハ管轄地方長官ヨリノ送致ヲ必要トスベシ此場合ニモ地方長官ニ交渉シ少年審判所ニ送致ノ手續ヲ爲スベキヤ若クハ地方長官ニ於テ相當保護ヲ爲スベキヤ孰レノ方法ヲ執ルベキヤヲ促スノ要アルベシ而〆《シテ》地方長官ニ於テ感化院收容其他ノ方法ニテ保護ヲ爲シ少年審判所ヘノ送致ノ手續ヲトラザル時ハ少年審判所ニ於テハ保護處分ヲ加ヘザル旨ノ宣言ヲ爲シ事件ヲ終局セシメザルベカラザルベシ

6、少年逃走シテ行方不明ト爲リタル時

少年事件ニ對シ保護處分ヲ加フルノ要アリト認メ審判ヲ開始シタル後ニ於テ審判ノ途中（多クハ審判續行ノ場合）少年逃走シ其行方不明ト爲リタル時ハ該少年ニ對シ保護處分ヲ加フルヲ

得サルベシ尤モ少年逃走シタリトスルモ囑託其他捜査方法ヲ盡サバ多クハ其所在ヲ發見シ得ベキカ故ニ其發見ヲ待ツヲ可トスベキガ如シト雖相當手續ヲ盡シタルニ拘ラズ其行方不明ナル時ハ後日發見スルコトアルベシトノ漠然タル希望ノ爲メニ永ク未濟ノ狀態ニ置クハ妥當ナラサルカ故ニ此場合ニモ終局處分トシテ保護處分ヲ加ヘザル旨ノ宣言ヲ爲ス外ナカルベシ蓋シ少年法ニ於テハ缺席審判等ノ規定ナキノミナラズ不在ノ少年ニ對シ少年法第四條第一項第一號乃至第九號ノ保護處分ヲ加フルニ由ナケレバナリ

7、犯罪又ハ不良性ノ認ムヘキモノナキ時

審判ノ結果其少年ニ對シ法令ニ觸ルル行爲即チ犯罪行爲ノ確認スヘキモノナク又法令ニ觸ルル行爲ヲ爲ス虞ナク即チ不良性ヲ認メサルモノナル時ハ固ヨリ保護處分ノ要ナキナリ初メ保護處分ヲ加フベキモノトシテ審判ヲ開始シタルニ諸般ノ事情ニヨリ純然タル冤罪ナル事判明シ若クハ全然人違タリシコト分明シタル時ハ之亦其少年ニ對シ保護處分ヲ爲スヲ得サルカ故ニ之ヲ加ヘザル旨ノ終結處分ヲ爲サザルベカラズ

（二）保護處分ヲ加フルヲ要セザル場合

1、少年カ重症ニ罹リ恢復ノ見込ナキ時

保護處分ヲ加フベキモノトシテ審判ヲ開始シタル後ニ至リ少年カ重症ニ罹リタリトスルモ恢復ノ見込アル時ハ假リニ長期ヲ要スルト雖其全快ヲ待ツテ之ニ保護處分ヲ加フルニ何等支障ナシト雖到底恢復ノ見込ナク若クハ重傷ヲ受ケ完全ニ治癒スルヲ得ザルニ至リ再犯等ノ憂ナク著シク改悛ノ轉機ヲ得テ保護處分ヲ加フルヲ要セザルニ至リタル時ハ保護處分ヲ加ヘサル旨ノ宣言ヲ爲シ事件ヲ終局セシムルヲ妥當トスベシ

2、不良性微弱ナル時

少年ニ對シ保護處分ヲ加フルノ要アリトシテ成規ノ手續ヲ經テ審判ヲ開始シタルニ複雜ナル諸般ノ狀況明瞭ト爲リ案件ノ性質上又少年ノ性行上ヨリ考察シ其不良性頗ル微弱改悛ノ情亦顯著ニシテ最早保護處分ヲ要セザルニ至リタル時ハ之亦終結處分トシテ保護處分ヲ加ヘザル旨ノ宣言ヲ爲シ事件ヲ終局セシムルヲ妥當トスベシ

右ハ孰レモ法文ニ何等規定スル所ナシト雖審判ノ結果叙上ノ理由ヲ發見シ保護處分ヲ要セズ

ト認メタルモノナルヲ以テ其旨ノ國家意思ヲ表示シテ案件ヲ終局セシムベキハ寧ロ理ノ當然ナルベシ

以上本節ノ九箇ノ各場合ハ孰レモ少年保護者關係人等ノ事實隱蔽等ニ基因シ其調査徹底ヲ缺キ從テ少年審判官ニ於テモ亦保護處分ヲ加フルノ要アリトシテ成規ノ手續ニヨリ審判ヲ開始シタル後ニ於テ其審理ノ續行中初メテ叙上ニ該當スルコト判明シ若クハ偶然ノ出來事ニヨリ事情ノ變化ヲ來シタルモノナルヲ以テ終結處分トシテ保護處分ヲ加ヘザル旨ノ宣言ヲ爲スヘキモノナリ然レ𪜈《ドモ》以上九箇ノ場合ニ該當スルモノナル時ハ多クノ場合ニ於テ少年保護司ノ調査等ニヨリ審判開始前ニ之ヲ明カニスルヲ得ベキカ故ニ固ヨリ保護處分ヲ加フルノ要ナキヲ以テ此場合ニハ審判不開始ノ決定ヲ爲スベキ事ハ第七章ニ於テ説述シタル所ナリ

第四節　保護處分ノ宣告

少年審判所ノ終局ノ目的ハ保護處分ニ在リ然レ𪜈《ドモ》少年審判所ニ於テ少年ニ保護處分ヲ加フルノ目的ヲ以テ調査ヲ終了シ審判ヲ開始シタルモ其審理中偶然ニ派生シタル事故ノ爲メ或ハ錯

雑シタル事情判明シタル爲メ時ニ或ハ保護處分以外ノ他ノ宣言ヲ爲スコトナキニアラズ即チ時ニ或ハ事件ヲ他廳ニ移送シ若クハ刑事訴追ノ必要アリト認メ管轄裁判所検事ニ送致シ或ハ又保護處分ヲ加ヘザル旨ヲ宣言スルコトアルベシ然レモ《ドモ》斯ハ只ニ例外的ニ偶然ノ事狀變更ニヨルモノニ過ギズシテ多クノ場合保護處分ヲ宣言スルヲ普通トス去レバ審判ハ保護處分ヲ爲スガ爲メニ開始セラレ續行セラレ宣言セラル、モノニシテ審判官ガ調査ヲ命ズルモ亦保護處分ヲ加ヘントスルニ在リ少年保護司ガ調査ヲ爲スモ亦保護處分ニ向テ集中セラル、ノミナラズ検事ノ送致認知通告等孰レモ皆保護處分ヲ目標トセザルモノナシ然リ少年法ノ主要ノ目的亦保護處分制度ノ創設ニ在リ少年法中ニハ審判制度保護處分ノ外ニ偶々刑事處分ニ關スル規定ヲ挿入シアルモ是等ハ必シモ少年法ノ規定ヲ待ツノ必要ナク刑法若クハ刑事訴訟法ノ特例トシテ之カ規定ヲ爲セバ足レリ只便宜上保護處分ヲ創設シタル少年法中ニ之ガ規定ヲ挿ミタルニ止マルモノナリ然ルニ保護處分制度ハ單ニ刑事訴訟法刑法ノ特例トシテ之ガ例外規定ト爲スヲ得ズ之ヲ創設スルニハ特別法ヲ以テスルヲ要ス換言スレバ審判制度保護處分ノ創設ノ爲メニノミ少年法ノ作成ヲ余儀ナクセラレタルモノナリ去レバ少年法ノ主要ノ目的ハ審判制度ニ在リ審判制度ノ眞髓ハ保護處分ニ在リト云フモ過言ニアラザルベシ少年審判所ガ審判ノ結果保護處分ヲ加フルノ必要アリト認メタル時ハ少年法第四十七條乃至第五十四條ノ規定ニヨリ終結處分トシテ全法第四條第一項第一号乃至第九号ノ保護處分ヲ宣言セザルベカラズ

第一項、保護處分ノ性質

保護處分ハ終結處分ノ一種ナルヲ以テ先キニ説述シタル終結處分ノ定義ヲ以テ之ヲ律シ得ベシト雖尚詳シク其本質的意義ヲ極メントセバ左ノ如ク定義スルヲ得ベシ

保護處分トハ犯罪少年若クハ准犯罪少年（不良少年）ニ對シ少年審判所ガ刑事政策ニ基キ矯正教養ヲ爲サシムル爲メ宣言スル不服申立ヲ許サヾル行政處分ナリ

第一、保護處分ハ行政處分ナリ

行政トハ國家作用ノ一種ニシテ立法及司法ニ對應スル語ナリ國家ノ作用中法ヲ制定スル作用ハ之ヲ立法ト云ヒ人民ノ違法行爲ニ對シ之ニ課スベキ刑罰ヲ決定宣告シ若クハ人民ノ間ノ權利ノ爭アル塲合ニ之ヲ裁斷スルノ作用ハ之ヲ司法ト云フ其以外ノ國家ノ作用ハ概シテ行政ナリ行

政ノ目的ハ積極的ニ國家國民ノ幸福ヲ増進助長シ或ハ消極的ニ國家國民ノ福利ニ對スル障害ヲ除去スルモノニテ之等ノ目的ヲ達スル爲ニ爲ス處分ハ即チ行政處分ナリ

行政處分トハ行政官廳ガ法規ニ基キ公法的法律關係ヲ設定スル一方的行爲ヲ云フ總テ處分ト云フ時ハ一方的法律行爲ナリ法律行爲トハ法規ニ從ヒ一定ノ法律關係ヲ設定スル行爲ナリ法律行爲ニ双方的ト一方的トノ區別アリ契約ノ如キハ双方的法律行爲ナレ共處分ハ一方的法律行爲ニシテ即行政處分ハ一方的法律行爲ナリ法律行爲ニ公法的ト私法的トノ區別アリ私法的法律行爲トハ私法ニ從ヒ私法上即チ各個人相互ノ間ノ法律關係ヲ設定スルモノヲ云ヒ公法的法律行爲トハ公法ニ從ヒ公法上即チ國家特ニ公ノ權力ニ關スル法律行爲ヲ設定スルモノヲ云フ行政處分ハ公法上ノ一方的法律行爲ナリ故ニ其法律上ノ効力ヲ生ズル爲ニ處分ヲ受クルモノヽ同意ヲ必要トスルコトナシ時トシテ或ハ處分ヲ受クルモノハ處分ヲ爲ス以前ニ願出ヲ爲シ又ハ處分ヲ爲シタル後ニ通知ヲ受クル事ヲ要スルコトアルモ然レ共斯ハ處分其者ノ必要條件ニハアラザルナリ全ク行政官廳ノ一方ノ行爲ヲ以テ其本來ノ効力ヲ有スルモノナリ之レ即チ行政處分ハ双方的行爲即チ契約等ト異ナル所以ナリ行政處分ニ行政組織ノ内部ニ於ケルモノト行政組織ノ外部ニ對スモルノトノ[スルモノトノ]兩種アリ一ハ上級官廳ガ下級官廳ニ對シテ發スルモノニテ他

ハ行政官廳ガ各個人ニ對シ發スルモノナリ保護處分ハ素ヨリ前者ニアラズシテ後者即チ行政官廳ガ行政組織ノ外部即チ各個人ニ對シテ發スルモノナリ又行政處分ニハ命令、許可、認可、權利、創設、權利取消、身分人格ノ附與、除去、事實確定、事實証明、裁決、決定等アルモ保護處分ハ其所謂決定ニ屬スルモノナリ

更ニ之ヲ換言スレバ保護處分ハ訴訟ヲ裁斷スル如キ裁判ニアラズ又法規ヲ作成スル如キ立法ニモアラズ國家機關タル少年審判所ノ爲ス行政處分ナリ少年審判所ハ刑罰ニヨラズシテ犯罪少年不良少年ヲ橋正教導シ將來第二國民タルベキ少年ノ反社會的傾向ヲ除去シ國家社會ノ健全ナル發達ヲ期シ其福利增進ヲ目的トシテ保護處分ヲ加フルモノトスサレバ保護處分ハ全然司法上ノ訴訟乃至裁判ノ觀念ヲ脱却シ純然タル行政處分タラシメタルガ故ニ民事刑事訴訟法上ノ判決等ノ如キ裁判タルノ性質毫モ之アルコトナク少年法ニ於テモ外國立法例ノ如ク裁判ナル文字ヲ避ケ審判ナル文字ヲ使用セルノミナラズ外國立法例ノ如ク裁判官ヲシテ之ニ充テシメ少年裁判官トシテ保護處分ヲ爲サシムルニアラズ純粹ノ行政官タル少年審判官ヲシテ保護處分ヲ宣言セシムル制度ヲ採用シタリ只保護處分ハ前説明ノ如ク單純ナル保護救濟ニアラズシテ少年ニ對シ刑事政策ニ基ク司法保護ノ處分ヲ爲スニアルガ故ニ便宜上少年審判所ヲシテ司法所管ノ行政官

廳ト爲シタルニ過ギザルナリ

第二、保護處分ハ不服申立ノ許サヾル行政處分ナリ

國家機關タル官廳ヲ組織スルモノハ何レモ自然人ナリ夫レ然リ自然人ニヨリテ國家意思ヲ表示シ裁判若クハ行政處分ヲ爲スモノナルガ故ニ時トシテ或ハ見解ノ相違ニヨリ或ハ又誤解等ニヨリ國家意思表示ノ上ニ適當ナル判斷ヲ誤ルコトナキニアラズ去レバ一旦表示セラレタル國家意思ヲシテ即時確定セシメズ違法若クハ不當ト思料スル者ニ一定ノ形式ニヨリ不服ヲ申立テシメ之ガ救濟ノ方法ヲ講ゼシムルヲ普通トス

裁判所ノ司法裁判ニ對シテハ其民事訴訟タルト刑事訴訟タルトヲ問ハズ當事者双方ヲシテ上訴ナル方法ヲ以テ不服ヲ申立テ得ベシ上訴トハ上級裁判所ノ裁判ニヨリ既ニ爲サレタル裁判ノ取消又ハ變更ヲ求ムルモノニテ一定ノ形式條件ノ下ニ控訴、上告、抗告、并ニ再審等ニヨリテ救濟ヲ求ムル方法ナリ

行政官廳ニヨリテ爲サレタル行政處分ニ對シテモ亦特別ノ規定ニヨリ該行政處分ヲ違法不審ナリトスル者ニ對シ救濟ノ方法ヲ設ケタリ例ヘバ關税法、租税法中ニモ特別ノ規定ヲ設ケ課税等官廳ノ處分ニ對シ異議若クハ不服ノ申立ヲ爲サシムルノミナラズ訴願法、行政裁判法其他ノ

法規ニ於テモ行政官廳ノ爲シタル行政處分ニ付キ一定ノ形式ノ下ニ訴願ノ方法ニヨリ又ハ行政訴訟ノ形式ニテ原處分ノ取消又ハ變更等ヲ求ムルコトヲ得セシメタリ

以上裁判并ニ行政處分ハ何レモ人ノ自由、名譽、財産、等ニ制限ヲ加フルモノナルヲ以テ官廳ヲ組織スル自然人ヲシテ公正、適切、ナル國家意思ヲ表示セシメ過誤ナカラシムルト同時ニ關係者ヲシテ適切、妥當ナル國家意思ニ悦服セシメント期シタルニ外ナラザルナリ

行政處分タル少年審判所ノ爲ス保護處分モ亦少年及少年ノ父兄等保護者ノ權利ニ制限ヲ加フルコトアリ即チ嚴肅ナル矯正教養等ヲ爲サシムル爲メ少年ノ同行、少年ノ逮捕、保護團体委託、感化院送致、矯正院送致等ノ如ク人ノ自由ヲ束縛スルコトアルノミナラズ因テ生ジタル費用ノ負擔ヲ命ゼラル、コトアルガ故ニ少年若クハ其關係者ニシテ該保護處分ニ服セザル者アル場合ニ其處分ノ取消若クハ變更ヲ求メ得ル權利ヲ附與スルヲ相當トスベキガ如シト雖少年法ニハ勿論其他ノ法規ニ於テモ此保護處分ニ對シ異議不服ヲ申立テ若クハ訴願、又ハ行政訴訟ヲ爲シ得ル規定ヲ設ケズ保護處分ハ宣告ト同時ニ確定シ斷ジテ不服申立ヲ許サヾルナリ斯ノ如ク保護處分ニ對シ絶對ニ不服申立ヲ許サヾルニ付テハ學者其他ニ於テ非難ヲ加フルモノナキニアラズト雖我少年法ノ立法ニ際シテハ保護處分ノ目的、性質等ニ鑑ミ敢然トシテ不服申立ヲ許サヾ

ル制度ヲ採用シタルモノナリ

　蓋シ立法ノ趣旨ヲ按スルニ保護處分ハ少年ヲ善導愛護シ其惡癖等ヲ矯正シテ反社會性ヲ除去シ以テ其一族故舊ヲモ安ンジ社會ヲ淨化シ其福利ヲ增進スルヲ目的トスルモノニテ偶々保護處分ノ爲メ個々ノ場合ニ於テ其權利ヲ害スルコトアリトスルモ他ノ行政處分ノ如ク甚ダシカラザルノミナラズ保護少年ヲ出サシメタルハ多クハ社會組織ノ缺陷若クハ其家庭乃至保護者ノ懈怠ニ基因スルモノナルヲ以テ法ハ一部ノ犧牲ヲ甘ンジタルモノナルベク若シ然ラズシテ保護處分ニ對シ一々不服ヲ申立テシメ確定期間ノ猶豫ヲ與ヘ復雜ナル手續ニヨリ審判ヲ繰返スガ如キハ徹底シタル保護處分ノ効果ヲ擧ゲシムル所以ニアラザルノミナラズ仮リニ其保護處分ニ對シ服セザルモノアリトスレバ嘆願、請願、陳情、等ノ名目ニテ救濟ヲ申出ルコトヲ得ベク斯カル場合ニ於テモ保護處分ノ趣旨ヲ了解セシムルニ於テハ必ズヤ釋然タルモノアルベク然レ圧《ドモ》尚之ニ滿足セズ違法乃至妥當ナラズト主張スル者アラバ宜シク其上司ニ申出テ監督權ノ作用ニヨリ之ヲ匡救シ得ベシ殊ニ少年法第五條ニ於テハ保護處分ノ繼續中何時ニテモ之ヲ取消シ若クハ變更スルコトヲ得ト規定シ變通ノ妙ヲ得セシメタルガ故ニ當局者ハ勿論其上司ニ於テモ若シ妥當ナラザルコトヲ發見セバ何時ニテモ此規定ヲ適用シテ機宜ノ處置ヲ講ジ得ベク運用ノ妙ヲ執法

者ニ委シタル法ノ精神ヲ沒却セシメザルヲ得バ不服ヲ許サヾル爲メ生ズル弊害ヲ絶無タラシメ得べキナリ

第三、保護處分ハ刑事政策ニ基ク矯正教養ヲ其内容トスル宣言ナリ

處分ニ司法處分ト行政處分トアリテ保護處分ハ司法處分ニアラズシテ行政虜分ナル事ハ既ニ前述セル所ナリ保護ニモ亦司法保護ト行政保護トアリ司法保護ハ行政保護ト異ナリ或特種ノ目的ヲ有スル刑事政策ニ立脚セル保護ヲ云フナリ去レバ單ニ貧者ヲ救助シ困窮者ヲ憐ミ疾病者ヲ治療救濟シ幼者ヲ保護スルコトハ或ハ之ヲ行政保護ト云フヲ得ベシト雖刑事政策ニ因ル保護ニアラザルヲ以テ之ヲ司法保護ト云フヲ得ズ茲ニ少年法ニ所謂保護處分タル少年保護ハ刑事政策ニ其基準ヲ置クモノナルヲ以テ司法保護ニシテ行政保護ニアラズ而シテ保護處分ハ行政處分ニシテ刑事處分若クハ司法處分ニアラザルコトモ亦既ニ説明セル所ナリ然ラバ刑事政策トハ如何

刑事政策ナル語ハ一方ニ民事政策又ハ商事政策等ニ對スル稱呼ニシテ又他方ニ行政政策立法政策司法政策行刑政策ニ對スルト同時ニ又社會政策國家政策等ニ對應スル稱呼ナリ而シテ刑事政策ハ所謂刑政（行刑ト全然區別スルヲ要ス）ニ關スル政策即方策ト同意ニ解スルヲ得ベク其關係スル範圍頗ル廣汎ニシテ立法政策司法政策行刑政策等ハ何レモ刑事政策ニ其基準ヲ置カザ

ルベカラズト云フモ必シモ過言ニハアラザルベシ即チ一國立法ノ政策トシテモ其關スル限リニ於テ刑事政策ニ立脚セザルベカラザルノミナラズ司法裁判ニ際シテモ刑事政策ノ根本義ヲ等閑ニ附スルニ於テハ到底司法ノ目的ヲ達スルヲ得ザルベク行刑上ニ於テハ特ニ刑事政策ノ根本目的ニ準據セザルベカラザルコトハ敢テ多言ヲ要セザルベシ而シテ刑事政策トハ之ヲ抽象的ニ觀察スレバ犯罪及刑罰等ニ關スル立法上司法上並ニ行刑上ノ原理ヲ探究シ依テ以テ一國制度ノ足非得失ヲ研究シ其最モ適切ナル制度ヲ樹立セントスル對策ヲ云フト解スルヲ得ベシ

而〆《シテ》此方針ニ基ク對策ヲ論議スルニ當リ學者實際家ノ間ニ於テモ甲論乙駁其歸一スル所ヲ知ラズ即チ其基本觀念タル犯罪乃至刑罰ノ根本的理論ニ付キ或ハ所謂舊學派ヲ祖述スルニ對シ所謂新學派ヲ主張ス或ハ客觀主義ヲ主張スルニ對シ主觀主義ヲ主張ス或ハ應報主義ヲ主張スルニ對シ目的主義相對主義ヲ主張ス又或ハ一般的豫防ヲ重シトシテ特別豫防ヲ輕ンズルニ對シ特別豫防ニ重キヲ置キ一般的豫防ヲ閑却ス要スルニ其歸スル所結局前者（舊學派）ハ一般的豫防ヲ主張シ後者（新學派）ハ個別豫防ヲ主張スルニ外ナラズ然シナガラ兩派ノ學説ハ右ノ如ク全然相異ナレリト雖刑政ノ眞ノ目的ガ徒ラニ一ニ偏スルヲ許サズ特別的豫防ノ効ヲ奏スルト同時ニ一般的豫防ノ効果ヲモ擧ゲシメ依テ以テ社會ノ淨化ヲ期セントスルニアルコトハ蓋シ何人モ

異論ナキ所ナルベシ之ニ因テ之ヲ見レバ刑事政策ノ眞目的ハ所謂刑政ノ目的ト合致シ犯罪ノ一般豫防ト特別豫防ノ二目的ヲ達スルニアルカ故ニ結局刑事政策ノ根本方針ハ犯罪ノ鎮壓撲滅乃至豫防ニ在リト云フヲ得ベシ故ニ之レヲ具體的ニ觀察スレバ刑事政策ニ立脚セル保護タル司法保護ハ刑政ノ根本方針タル犯罪即チ反社會的行爲ノ鎮壓乃至豫防ヲ目的トスル保護ナリト云フヲ得ベシ

而シテ矯正教養トハ矯正教育ト云フニ同シク將來反社會的行爲ヲ繰返サザルベク其性癖ヲ矯メ指導陶冶スルヲ云フ少年法ニ所謂保護處分ハ犯罪少年ニモ刑罰ヲ以テ望マスシテ之ヲ保護善導シ少年ノ環境ヲ改善シテ之ヲ教養啓發セシメ以テ社會的生活ヲ脅カスベキ反社會的行爲ヲ豫防シ社會ノ淨化ヲ期セントスルニアルガ故ニ普通教育ト異ナリ或特種ノ目的ヲ有シ或種ノ力ヲ背景トスルノミナラズ時ニ或ハ或種ノ自由ヲモ制限スルコトナキニアラザルベシ要之ニ保護處分ハ反社會的行爲ノ鎮壓豫防ヲ目的トスル矯正教養ヲ爲サシムル爲メ國家カ宣言シタル意思表示ナリト云フヲ得ベシ

少年保護ハ以上ノ如ク刑事政策ニ基ク矯正教養ナルヲ以テ少年保護則［即］司法保護ト刑罰トヲ相對比セシメテ考察スルハ必シモ無用ニアラザルベシ

刑罰ハ制裁ニシテ少年保護ハ即チ保護ナルヲ以テ刑罰ト少年保護トハ素ヨリ同一ニアラザルコト勿論ナリト雖兩者ハ全然其趣旨性質ヲ異ニシ絶對ニ相關與スル所ナシト論スルハ亦不當ナリ兩者共ニ刑事政策ニ立脚セル點ハ全然同一ナリ今刑罰ニ關スル舊學派ノ説ニ從ヒ刑罰ヲ自由意思ニ基ク犯罪行爲ニ對スル應報ナリトセバ司法保護即少年保護ハ全ク應報ノ性質ヲ有セザルヲ以テ兩者ノ性質ノ差異ヲ全然區別シ得ベシ然ルニ若シ刑罰ニ關スル新學派ノ説ニ從ヘバ刑罰ハ決シテ應報タルノ性質ヲ有スルモノニアラズ犯罪ヲ豫防スル手段ニ外ナラズトスルニアルガ故ニ刑罰ト司法保護即少年保護トノ間ニ如何ナル差異ノ存スルカヲ根本的ニ區別スルコト困難ナリ唯新學派ニヨル時ハ刑罰ハ普通ノ精神狀態ヲ有シ社會的應化性ヲ有スルモノ詳言スレバ適當ナル教化手段ニヨリ社會的ニ改善シ得ル者ニ對シテ施スベキ豫防手段即精神成熟期ニ達シタル者ニ對スル處分ニシテ少年保護ハ未タ此精神成熟期ニ達セサル者ニ對スル啓發的教化手段ナリトスルノ外ナカルベシ斯クノ如ク觀察スル時ハ刑罰ト少年保護トノ間ニ本質的ノ差異ヲ認ムルコト能ハザルベシト雖其間ニハ自ラ程度ノ差アルコトハ爭フ能ハズ換言スレバ刑罰ハ普通ノ心身發達者ニ對スル制裁トシ犯罪ヲ豫防スル手段トシテ科セラルルモノニシテ司法保護即少年保護ハ心身未熟者ニ對スル啓發的矯正ニシテ犯罪ヲ豫防スル手段トシテ社會防衛ノ目的ニ合致

スルモノトシテ科セラルル廣義ノ制裁トモ云フヲ得ベシ即兩者共ニ刑政ノ根本義ニ則リ犯罪ヲ鎭壓豫防シ以テ社會淨化ヲ期セントスルニアルモノニシテ唯刑罰ハ直接ニ制裁的社會防衛ニ重キヲ置キ司法保護即少年保護ハ矯正敎養的社會防衛ニ重キヲ置クノ差アルノミナリ（此點ニ付テハ泉二博士モ亦同趣旨ニ論述セラレタリ）然ルニ少年保護ヲシテ單純ナル保護若クハ救濟ト同一視スルモノアルハ盖シ法理的根據ヲ無視シ其刑事政策ニ基ク所以ヲ閑脚［却］セルニヨルナルベシ

第四、保護處分ハ犯罪少年準犯罪少年ヲ其對象ト爲ス

保護處分ハ犯罪ヲ爲シ又ハ犯罪ヲ爲ス虞アル十八歳ニ滿サルモノヲ其對象ト爲ス故ニ茲ニ所謂少年ハ民事法刑事法等ニ於ケル成年者未成年者意思能力行爲能力其他訴訟能力等ノ區別ト相關スルコトナシ保護處分ノ對象タル少年ハ少年法第一條ニ所謂十八歳ニ滿サルモノヲ指稱スルナリ

行政官廳ニ於テ法規ニ基キ貧困者老衰不具者ヲ救助シ或ハ病者幼者ヲ救護スルコトアリ廣義ニ解スル時ハ之等モ亦保護處分ト云フヲ得ベシト雖少年法ニ所謂保護處分ニアラズ何トナレバ刑事政策ニ立脚セザルノミナラズ少年法第一條ノ少年ニ該當セザルモノナレバナリ又犯罪者若

クハ犯罪ヲ爲ス虞アルモノヲ對象ト爲スニアラザレバ之亦少年法ニ所謂保護處分ト云フヲ得ザルナリ今茲ニ犯罪ニ付キ説明スルノ必要ナキカ如シト雖本講義ノ順序トシテ保護處分ノ對象ノ一部タル犯罪ニ就キ一言スルモ必シモ蛇足ニアラザルベシ

犯罪トハ實質的ニ之ヲ觀察スレバ社會ノ秩序ヲ侵害スル行爲ニシテ即チ之ヲ反社會的行爲トモ云フヲ得ベシ之ヲ形式的ニ定義スレバ刑罰法令ニ列擧セラレタル行爲ニシテ故意又ハ過失ニ因ル有責違法ノ行爲ナリ故ニ例令ハ行爲ト云フ能ハスシテ單ニ意思作用ニノミ屬スルモノハ刑法ニ於テ之ヲ處罰セズ即チ其意思作用ガ唯ニ反社會的ナルノミニテハ之ヲ如何トモスル能ハズ反社會的意思ガ進ンデ實現化シ行爲ト爲リテ外部ニ表示セラルルニ至リ初メテ犯罪ヲ構成スルモノナリ又其行爲ハ違法ニシテ法規ノ命令若クハ法規ノ禁止ニ違犯シ所謂法ノ保護スル利益ヲ侵害シ吾人ノ社會的共同生存ノ條件ニ適セザル非社會的行爲ニアラザレバ之ヲ犯罪ナリト云フヲ得ズ故ニ外觀ヨリスレバ傷害又ハ殺人ノ如キ觀アルモ正當防衛若クハ緊急避難權ニ基クモノナル時ハ違法ト云フヲ得ザルカ故ニ犯罪ト云フヲ得ズ又其行爲違法ナリトスルモ責任アル者ノ行爲ニアラザレバ犯罪ナリト云フヲ得ズ即チ責任能力者ノ行爲ニシテ其故意又ハ過失ニ基ク場合ナラザルベカラズ責任無能力者ナル時ハ勿論犯人ニ故意ナク又過失ナキ時ハ其者ノ行爲ヲ犯

罪ナリト云フヲ得ズ又非社會的意思ヲ外部ニ具體化シタル行爲ニシテ一見不隱當ナリト認メラルルト雖刑罰法令ニ列擧セラレタル行爲ニアラザレバ犯罪ト云フヲ得ザルナリ以上ノ如キ條件ニ適合スル行爲即チ犯罪ヲ爲シタル十八歳ニ滿タザル者ニシテ初メテ保護處分ノ對象タルナリ尚犯罪ヲ爲サザルモ準犯罪少年ハ又其對象ノ一ナリ準犯罪少年トハ未タ犯罪ヲ爲スニ至ラサルモ之ヲ放置スルニ於テハ必至的ニ犯罪ヲ爲ニ至ル虞アル少年ヲ云フナリ準犯罪少年ニ對シテハ之ヲ世上不良少年トモ俗稱ス未ダ犯罪ヲ敢行スルニ至ラサルモ性格惡化シ之ニ保護處分ヲ加ヘズ放任スルニ於テハ環境上遂ニ犯罪ニ陷ルベキ危險アル少年ナリ犯罪少年ノ外ニ準犯罪少年ヲ其對象ノ一ニ加ヘタル法ノ精神ハ盖シ一旦犯罪ヲ爲シタル後ニ於テ之ヲ矯正スルヨリハ寧ロ未タ其之ヲ爲サザル以前ニ於テ其惡癖性格ヲ矯正教養スル即チ刑政ノ目的ヲ達スル捷徑ニシテ且最モ効果的タルガ爲メナルベシ

第五、保護處分ハ其處分自體ガ其執行ヲ包含スル宣言ナリ

先キニ述ベタル如ク保護處分ニ對シテハ他ヨリ異議若クハ故障等ノ不服申立ヲ許サズ其處分ノ宣言ト同時ニ即時確定力ヲ有シ其執行力ヲモ併有セシメタルカ故ニ即時之ヲ執行シ得ルコト勿論ナルベシ

抑モ執行トハ實施ト云フニ同ジク其保護處分ヲ一定ノ時期一定ノ場所ニ於テ一定ノ者ニ對シ實施スルヲ云フナリ故ニ之ヲ正確ニ論ズル時ハ國家ノ意思ヲ宣言シタル保護處分ニ付テモ宜シク其宣言ト其執行トハ全然區別シテ之ガ規定ヲ爲サザルベカラズ例ヘバ司法裁判ニ於ケルカ如ク國家ノ意思ヲ宣言シタル裁判即チ民事裁判タルト刑事裁判タルトヲ問ハズ其宣言タル裁判其モノト其裁判ノ執行トヲ區別シテ規定スルニアラザレバ其正確ヲ期スルヲ得ザルベシ權利ノ論爭ヲ裁斷シタル民事裁判ヲ執行スルニ付テモ亦刑罰ヲ言渡シタル刑事裁判ヲ執行スルニ付テモ孰レモ皆其執行方法執行時期執行條件執行機關等ニ付キ詳細ナル特別ノ規定ヲ爲セリ故ニ保護處分ヲ國家ノ意思ヲ表示シタル宣言トスレバ一定ノ條件ニ基キ一定ノ者ニ對シ之カ執行ノ命令アリ一定ノ機關ニヨリ初メテ其宣言ヲ執行實施スベキモノナルコトノ規定ヲ要スルコト恰モ民事裁判刑事裁判ニ於ケルガ如ク各種特別ナル規定ヲ設ケ之ニ準據シタル執行命令アリテ初メテ實施セラル丶ヲ得ト爲サザルベカラズ然レ圧《ドモ》保護處分ハ裁判ノ如ク人ノ權利義務自由等ニ重大ナル影響ヲ及ボスモノニアラズ寧ロ之ヲ保護スルニアルガ故ニ少年法ハ保護處分ノ執行ニ付キ何等特別ノ規定ヲ爲サズシテ保護處分其者ニ其執行ヲ包含セシメ各種保護處分ノ趣旨ニ從ヒ執行セシムルモノナリ去レバ保護處分ハ宣言ト同時ニ確定力ヲ有シ内容トシテ其執行ヲ包含セ

シメタル宣言ナリト云フヲ得ベシ尤モ少年法ニ於テモ其第五條第六條ニ於テ「處分ノ執行ヲ繼續シ」「處分ノ執行ノ繼續中」ナル字句ヲ使用セルヲ以テ觀念ノ上ニ於テ處分ト其執行ヲ區別セルモノナルコトハ明白ナルモ其執行方法執行條件執行機關等ニ關シ何等特別規定ヲ爲サズ處分ノ性質趣旨ニ從ヒ執行セシムルモノナリ

第二項　保護處分ノ効力

保護處分ノ効力ニ付テハ先決問題トシテ其保護處分ノ確定力ヲ研究スルニ於テ自ラ氷解スルニ至ルベシ何トナレバ其確定力ヲ生ズルニヨリテ初メテ其處分ヲ執行シ得ベク又之ニ羈束セラル丶ノ効果ヲ生ズベク若クハ之ニヨリテ所謂既判力ヲ生ズルニ至ルベケレバナリ

保護處分ノ確定力ニ付テハ之ヲ形式的確定力ト實質的確定力トニ區別スルヲ得ベシ

(一) 形式的確定力トハ普通ニ云フ時ハ或一定ノ期間ノ經過ニヨリテ全然不服ヲ申立ツルコト能ハザルニ至リタル狀態ヲ云フ例ヘバ司法裁判ノ如キハ或一定ノ期間内ニ於テハ當事者ニ不服申立ヲ許シ上級審ヲシテ原裁判ヲ訂正セシムルヲ得ベシ然ルニ其期間内ニ不服申立ヲ爲サズ

シテ其期間ヲ經過シタル時ハ最早之ニ對シ不服ヲ申立ルコト能ハザルニ至リ所謂形式的ニ確定力ヲ有スルニ至リタルモノト云フヲ得ベシ

然ルニ審判ニ因ル保護處分ニ付テハ前述セル如ク他ヨリ異議若クハ不服ヲ申立ルコトヲ許サズ其宣告ト同時ニ確定力ヲ有スルモノニテ外部ヨリ之カ取消若クハ變更ヲ求ムルコト能ハザルモノナリ去レバ保護處分ハ其宣言ト同時ニ形式的確定力ヲ生ジタルモノト云フヲ得ベシ然レ𪜈《ドモ》審判官ニ於テ或條件ノ下ニ保護處分ヲ取消シ又ハ變更シウル場合アルコトハ後ニ説明スベシ

(二) 實質的確定力トハ形式的確定力ヲ生ジタル爲メ之ヲ取消シ變更スルコトヲ得ザルニ至リタル結果最早實質的ニモ其内容確定シ再ビ其事ニ付キ審理ヲ爲ス能ハザルニ至リタル狀態ヲ云フ例ヘバ司法裁判ニ付キ形式的確定力ヲ生ジタル結果實質的ニ其事ニ付キ實體上ノ權利關係ニ關シ當事者關係者ヲ拘束シ再ビ裁判ヲ爲ス能ハザルニ至リタルヲ云フ即チ所謂既判力ヲ爲シタルモノニテ一事ハ再理セズトノ原則ノ生ズルハ此實質的確定力ノ結果ナリト云フヲ得ベシ

保護處分ノ實質的確定力モ亦右ト異ナルコトナク形式的確定力ヲ生ズルト同時ニ實質的ニ確定シ其事ニ付キ再ビ刑事裁判ヲ受ケ若クハ再ビ審判セラル、コトナキニ至リタル狀態ヲ云ヒ等シク一事不再理ノ原則ノ適用アル所以ナルベシ換言スレバ保護處分ニ對シテハ他ヨリ不服申立ヲ許サズ宣言ト共ニ確定スルモノナレバ即時形式的確定力ヲ生ズベク從テ實質的ニ其内容モ亦確定シ所謂實質的確定力ヲ生ズルガ故ニ宣告ト同時ニ執行力ヲ生ジ又覊束力ヲ生シ且其實體上ノ關係ニ付キ一事不再理ノ原則ノ適用ヲ見ルニ至ルベシ

保護處分ノ確定力ノ効果トシテ

1、執行力ヲ生ズ

保護處分ハ宣言ト同時ニ形式的効力並ニ實質的効力ヲ併有スルガ故ニ即時之ヲ執行シウルコト寸毫モ疑ナシ固ヨリ或種ノ保護處分ハ其内容ノ如何ニヨリ單ニ之ヲ宣言シタルノミニテ足リ宣言ト同時ニ執行セラレタルモノト認メ得ベキ場合ナキニアラズ即チ第一號處分ノ訓誡ノ如キハ少年ニ對スル從來ノ非行ヲ指摘シ將來遵守スベキ事項ヲ諭告スルヲ以テ足ル場合アリ又第三號處分即誓約書ヲ提出セシムル場合ノ如キ又第四號出頭シタル保護者ニ少年ヲ引渡ス場合ノ如キ或ハ第五號處分ヲ爲ス際受託者審判ニ出頭シ居リテ之ニ委託書ヲ交付シテ少年ヲ引渡ス場合等ハ敢テ他ノ手ヲ借リテ執行セシムルノ要ナク宣言ト同時ニ執行セラレタルモノト認ムルヲ得ベシ然レモ《ドモ》其他ノ場合ニハ其保護處分ノ種類内容ニ從ヒ之ヲ執行シ以テ關係者ヲシテ之ヲ遵奉

セシメ初メテ其効果ヲ擧グルヲ得ベシ而〆《シテ》之ガ執行ノ方法執行ノ機關等ニ付テハ何等特ニ之ヲ規定セザルモ其職司上少年保護司ヲシテ之ヲ執行セシムル場合多カルベシ即チ少年院送致感化院送致病院送致等ノ場合ニハ少年保護司ヲシテ送致書ヲ携帯セシメ少年ヲ連行シテ執行ニ移サシムベク又委託處分ノ場合ニ受託者故障等アリテ審判ニ出頭セザリシ時ハ宣言シタル保護處分ヲ執行スルニ際シ少年保護司ヲシテ委託者［書］ヲ携帯セシメ少年ヲ保護團體其他受託者方ニ連行セシムルコトアルベシ又第四號處分即チ保護者ニ少年ヲ引渡ス處分ヲ宣言スル場合ニ於テモ保護者病身其他ノ事由ニヨリ審判ニ出頭セザリシ時ハ少年保護司ヲシテ少年ヲ連行セシムルト同時ニ引渡書等ヲ携帯セシメテ保護者ニ引渡シ指示事項ヲ告知セシメ處分ヲ執行セシムル場合モアルベシ

然レ圧《ドモ》茲ニ注意ヲ要スルハ以上述ベタルハ宣言シタル保護處分ヲ執行ニ移ス場合ヲ説明シタルモノニシテ保護處分ノ執行ヲ繼續スルニ付テハ其處分ノ性質内容ニヨリ自ラ執行ノ機關ノ異ナルハ勿論ナリ即チ委託保護處分ノ繼續的執行ニ付テハ各受託者タル保護團體病院等皆其執行機關ナリト言フヲ得ベク又觀察ノ執行ニ付テハ固ヨリ少年保護司ヲ其執行機關ト言フヲ得ベク且少年院送致感化院送致ナル保護處分ニ付テハ各其送致ヲ受ケタルモノモ亦廣義ニ於ケル保

護處分ノ執行機關ト云フモ妨ゲナカルベシ唯前者ハ委託處分ヲ執行スベキ義務ヲ生ジタルニ反シ後者ハ繼續的保護處分ヲ執行スルノ職務權限アルノ差アルノミナリ

2、羈束力（拘束力）ヲ生ズ

凡ソ國權ノ發動ニ因ル處分ガ確定シタル時ハ其効果トシテ總テ之ヲ遵奉セザルベカラザルノミナラズ其處分ノ趣旨ニ從ヒ關係者ニ對シ羈束力ヲ生ズル事ヲ否ムベカラズ國家意志ヲ宣シタル保護處分モ亦其例ニ漏ル、コトヲ得ズ例ヘバ少年院送致ノ如キハ少年ニ於テ或種ノ拘束ヲ受ケ矯正教養ニ羈束セラル、ノミナラズ感化院送致病院送致保護團體委託等ノ如キ場合ニ於テモ其少年ノ好ムト好マザルトニ拘ラズ或程度ノ矯正教育矯正治療等ニ服セザルベカラズ加之該少年ノ親權者其他ノ保護者ニ於テモ或場合ニハ其意思ニ反シテモ尚且其監督權ヲ奪ハレ而モ前記處分ニ因リ生ジタル費用ノ支出ヲ强要セラル、コトアルベシ少年ノ委託ヲ受ケタル所謂受託者ト雖自己ノ意思ニ因リ一旦少年ノ委託ヲ受ケタル以上ハ其委託ノ内容タル或種ノ矯正教育ヲ爲スベキ責務ヲ負ヒ着クハ其指示事項ニ羈束セラレ其成績報告ノ提出ヲ命セラル、等皆保護處分羈束力ノ結果ニ外ナラザルベシ又所謂一時的保護處分ヲ宣告セラレタル場合ト雖少年ニ於テ一定ノ遵守事項ニ服セザルベカラザルノミナラズ其保護者モ亦其指示事項ヲ遵守シ且成績報告提

出ヲ强要セラル、コトアルハ（少年法第五十七條）之亦其羈束力ノ結果ナリト云フヲ得ベキナリ

3、既判力ヲ生ズ

總テ裁判ニ於ケル訴訟ハ爭ニ係ル事件ヲ確定シ以テ其國家社會ノ安寧秩序ヲ保持スルヲ目的トシ一旦裁判ノ確定シタル事件ニ對シテハ其當事者若クハ其關係者ヨリ再ビ之ガ裁判ヲ請求スルヲ得ザラシムルノミナラズ裁判官ト雖再ビ其事件ニ對シ裁判ヲ爲スヲ得ズトスルハ即チ國家社會ノ利益ニシテ且當事者關係人ノ利益ナリ茲ニ於テ一事不再理ノ原則起ル所以ナリ民事ト刑事トニ於テ各其説明ヲ異ニシ或ハ確定判決ヲ理由トスル一事不再理管轄違ヲ理由トスル一事不再理トニ區別スルモノアリ又刑事訴訟ニハ消極的既判力ノ主義ヲ採用シ民事訴訟ニハ積極的既判力ノ主義ヲ採用セリト區別シテ説明スルモノアレ𪜈《ドモ》一事ハ之ヲ再理セズトノ大體ノ觀念ニハ異ナル所ナシ詳言セバ一事不再理ト事フ時ハ之ヲ裁判所ノ側ヨリ言ヘバ一旦確定判決ヲ經タル事件ハ裁判所ハ再ビ之ヲ裁判セズトノ義ニシテ之ヲ當事者關係者ノ側ヨリ言ヘバ一旦訴ヘラレ裁判確定シタル事件ニ關シテハ再ビ訴ヘラル、コトナシトノ義ナリ。

抑モ同一ノ事件ニ對シ互ニ相異ナル二ツノ矛盾シタル國家意思ヲ表現スルコトハ孰レノ方面

ヨリ論ズルモ之ヲ認ムルコトヲ得ザルノミナラズ同一ノ事件ニ付キ互ニ相同ジキ二ツノ國家意思ヲ表示スルノ愚ヲ敢テスルコトハ法ノ認メザル所ナルベク一事ハ再ビ之ヲ理セズトノ元則ハ必ズシモ裁判即チ民事刑事訴訟ニ限ラザルベシ審判ノ結果タル保護處分ニ付テモ亦然ラザルヲ得ザルハ當然ナリ去レバ一旦保護處分ヲ宣言シタル事件ニ付テハ少年審判官ニ於テモ亦更ニ重ネテ該同一事件ヲ審判スル能ハザルノミナラズ擅リニ保護處分ヲ取消シ得ズ（保護處分ノ執行ノ取消併ニ或種ノ條件アル場合ノ取消等ニ付テハ後ニ説明スル所アルベシ）亦同一事件ニ付キ再ビ審判セラレザルベキコトハ其當事者關係人ノ利益ナルノミナラズ國家社會ニトリテモ亦利益ナリ國家意思タル保護處分ハ前述ノ如ク宣告ト同時ニ即時確定シテ實施力ヲ生ジ直接ニ關係者ヲ羈束スルノミナラズ一般的ニ既判力ヲ生ジ所謂一事不再理ノ適用ヲ見ルベシ特ニ之ヲ少年法ノ法文ノ規定ニ徵スレバ審判ヲ經テ加ヘタル保護處分ノ既判力ナルモノハ刑事民事ノ裁判ニ比シ其適用ハ一層廣汎ナル範圍ニ及ボサシメタルモノナルコトヲ知ルヲ得ベシ今此點ニ關シ項ヲ分ケテ説明スベシ。

第一、少年法第四條ノ保護處分ヲ爲シタル事件ニ付テハ刑事訴追ヲ爲スコトヲ得ズ

（第六十三條前段）

一事ヲ再ビ審理セズトノ原則ハ之ヲ嚴格ニ適用スルトキハ少年審判官ガ一タビ審判ノ結果保護處分ヲ加ヘタル以上ハ其同一事件ニ對シ再ビ審判ヲ爲シ保護處分ヲ加ヘタル以上ハ其同一事件ニ對シ再ビ審判ヲ爲シ保護處分ヲ加フルヲ得ズト云フニアルガ故ニ法文ニ何等規定ナキ時ハ保護處分以外ノ種類性質ヲ異ニスル他ノ處分ヲ爲スコトハ別ニ事不再理ノ原則ニ反スルモノニアラズ例ヘバ特別ノ規定ナキ限リ少年審判官ガ保護處分ヲ爲シタル事件ト雖檢事ガ其權限ニ於テ同一事件ニ對シ保護處分ト全然性質ヲ異ニスル刑罰ヲ加フル目的ヲ以テ之ヲ起訴シ判事ガ之ヲ裁判スルモ決シテ一事不再理ノ元則ニ戻ルモノニアラズ何トナレバ裁判ハ審判ト異ナリ保護處分ハ刑罰ト全然其性質ヲ異ニスレバナリ然リト雖刑事政策ニ立脚セル少年法ニ於テハ刑罰ヲ以テ之ニ望ムヨリモ寧ロ少年ニ矯正教養ヲ施シ以テ國家社會ノ改善福利ヲ圖ラントシテ審判ヲ爲シ保護處分ヲ加ヘシメタルモノナルヲ以テ更ニ之ニ刑罰ヲ加フルヲ得ザラシムルニアラザレバ保護處分ノ目的ヲ達成スルヲ得ザルガ故ニ少年法ハ之ニ對スル刑事訴追ヲ排除シタルモノナリ之ヲ換言スレバ裁判ハ審判ニアラズ保護處分ハ刑罰ニアラザルヲ以テ法ノ特別ノ規定ナキ以上ハ一旦保護處分ヲ加ヘタル案件ニ付キ檢事ニ於テ必要ト認メ重ネテ刑事訴追ヲ爲スト雖一事不再理ノ原則ニ反スルモノニアラズ然リト雖國家意思發動ニヨリ一旦保護處分ヲ加ヘ更ニ之ニ

對シ刑事訴追ヲ爲スハ一事ニ對シ矛盾シタル二ケノ國家意思ヲ表現スルノ結果ヲ惹起スルノミナラズ保護處分ノ効果ヲ滅却スルニ至ルヲ以テ法制ノ上ニ於テ審判ト裁判保護處分ト刑罰トヲ互ニ相對峙セシメ審判保護處分ノ効果トシテ裁判刑罰ヲ排除シ以テ刑事訴追ヲ許サザルノ規定ヲ設ケタルモノナリ夫レ然リ既ニ刑事訴追ヲサヘ許サザル以上ハ之ニ對シ更ニ再ビ保護處分ヲ加ヘラレザルベキコトハ勿論解釋トシテモ亦之ヲ肯定セザルヲ得ザルベシ故ニ一旦保護處分ヲ爲シタル案件ニ付テハ審判官ト雖再ビ審判ヲ爲シ保護處分ヲ加フルヲ得ザルノミナラズ該案件ニ付テハ最早刑事訴追ヲ爲スヲ得ズ去レバ檢事ト雖之ヲ起訴スルヲ得ズ判事ト雖之ニ刑罰ヲ科スルヲ得ズ若シ夫レ之ヲ起訴シタリトセンカ免訴若クハ無罪ノ判決アルヘシ之レ即チ一事不再理ノ原則擴光［大］適用ニ基ク審判即チ保護處分ノ既判力ノ結果ナリト斷スルヲ得ベシ。

第二、審判前ニ犯シタル罪ニシテ輕キ刑ニ該ルベキ事件ニ付テモ刑事訴追ヲ爲スコトヲ得ズ（第六十三條後段）

本項ニ付テモ亦理論上一事不再理ノ原則ヲ以テ律スルハ穩當ナラズ何トナレバ審判ヲ爲シ保護處分ヲ加ヘタル事件ト本項トハ全然別箇ノ行爲ニシテ決シテ一事ヲ再理スルモノニアラズ唯審判ヲ爲シタル時期以前ノ犯行ニ係リ全ク別異ノ案件ニシテ未ダ曾テ審判ヲ爲シ保護處分ヲ加

ヘタルモノニアラズ又未ダ曾テ處罰セラレタルモノニモアラザルガ故ニ之ヲ起訴スルニ何等差支ナク又之ヲ處罰スルニ毫モ支障ナキ理ナリ故ニ純理ヨリ之ヲ論ズル時ハ刑事訴訟法等ニ於テ除外スベキ規定ナキヲ以テ檢事ニ於テ之ヲ起訴スルニ何等差支ナク又判事ニ於テモ之ニ刑罰ヲ科シ得ルコト寧ロ當然ナリト雖少年法ハ刑事政策上加ヘタル保護處分ノ效果ヲ徹底セシムル爲メ特ニ之ガ刑事訴追ヲ禁止セル規定ヲ設ケタルモノニシテ保護處分ノ既判力ヲシテ實ニ茲ニ及ボサシメタルモノト云フモ不可ナカルベシ即チ或事件ニ付キ少年ニ對シ刑事政策上ノ見地ヨリ刑罰ヲ科スルヲ不得策ト爲シ一旦國家ガ適切ナリトスル保護處分ヲ加ヘタルモノナルヲ以テ若シ假リニ其事アリトセバ保護處分ヲ加ヘザリシト認メラルルガ如キ重大ナル犯罪行爲ニアラザル限リ審判以前ノ輕キ犯行ヲ發見シタリトシテ之ヲ訴追シ得ベシトセンカ一旦加ヘタル保護處分ノ效果ヲ阻却スベキガ故ニ少年法ハ之ニ刑事訴追ヲ許サズトノ嚴然タル規定ヲ設ケタルモノナリ抑モ公訴ノ提起ハ檢事ノ廣汎ナル職權ニ屬シ犯罪行爲ニ付キ其自由ナル認定ニヨリ時效ニカカリタル場合若クハ親告罪ニ於ケル告訴ノ欠缺ノ場合ニアラザル限リ其犯情ニヨリ之ヲ起訴スルト否トハ一ニ檢事ノ自由裁量ニ委シタルモノナリ然ルニ少年法ハ其第六十三條ニ於テ本項及ビ前項ニ付キ刑事訴追ヲ排除スル規定ヲ爲シタルモノニテ而モ其基因スル所ハ審判保護處分

ノ効果ヲ完カラシムル爲メ保護處分ノ既判力ヲ全然之ト關係ナキ他ノ犯罪行爲ニモ及ボシ之ニ對スル刑事訴追ヲ禁止セルモノニ係リ實ニ他ニ其比類ヲ見ザル起訴制限ノ規定ナリト云フヲ得ベシ。

右ノ如ク刑事訴追ヲモ排除シタル少年法第六十三條ノ規定ノ趣旨ニヨリテモ亦既ニ一旦適切ナリトシテ加ヘラレタル保護處分ノ効果ヲ發揮セシムル必要上審判官ト雖本項ニ該當スル行爲ニ付キ審判ヲ爲ス能ハザルベキコトハ殆ンド説明ヲ要セザルベシ何トナレバ一旦先キニ比較的重キ刑ニ該ルベキ事件ニ對シ國家ガ適當ト思料シタル保護處分ヲ加ヘ保護ノ目的ヲ達シツツアルニ拘ラズ審判當時發覺セズ若クバ少年ガ審判當時之ヲ秘シタリトスルモ輕微ナル案件ニ付キ更ニ重復セル保護處分ヲ加フルノ要ヲ認メザレバナリ

保護處分ノ効力トシテ以上ノ如ク執行力及羈束力併ニ既判力トニ區別シテ説明シタリト雖必シモ正確ナル標準ニ根據シ之ヲ列擧シタルモノニアラズ或ハ學者ニヨリ總テ之ヲ執行力ニ包含セシメテ論ズルモノナキニアラズ若クハ民事刑事等ニ付テハ各其説明ヲ異ニシ羈束力ト既判力トノ區別ニ關シ前者ハ現在ノ爭訟ニ付キ裁判所ヲ拘束スル効力ト爲シ後者ハ將來ノ爭訟ニ付キ當事者ヲ拘束スル効力ナリト論ズルモノアリ又既判力ナル語ハ既ニ判決シタル効力ト云フニ解

セラルル嫌ナキニアラザルヲ以テ之ト區別スル爲メ判決ト異ナル審判ノ勃［効］力ヲ云現ハスニ際シテハ他ノ語句ヲ以テスルヲ可ナリトスベキガ如シ然レ圧《ドモ》他ニ適當ナル語句ヲ見出スニ由ナク既判力ナル語句ノ存スル以上ハ敢テ新奇ナル字旬［句］ヲ使用スルノ要ナカルベク審判シタル保護處分ノ効力ヲ解説スルニ當リ學者ノ從來使用シ來リタル既時［判］力ナル字句ヲ以テスルモ必シモ不當ナリト云フヲ得ザルヘシ。

要之ニ以上ノ區別ハ必シモ妥當ナラズ或ハ又重復スルノ觀ナキニアラズト雖唯保護處分ノ効果ヲ各方面ヨリ説明シタルニ過ギズ宜シク識者ノ叱正ヲ乞フ所以ナリ。

第三項　保護處分ノ取消

取消トハ一般的ニ之ヲ言ヒバ法律事實ノ法律上ノ効力ノ発生ヲ否認スルコトヲ意味シ、法律事實ノ法律上ノ効力ヲ消滅セシムルヲ云フ、取消ナルモノハ法規上種々ノ場合ニ使用セラル、例ヘバ判決ノ取消、處分ノ取消、命令ノ取消、宣告ノ取消、許可ノ取消、認可ノ取消、公訴ノ取消、刑ノ執行ノ取消、執行猶豫ノ取消、法律行爲ノ取消、契約申込ノ取消、婚姻縁組ノ取消、贈與ノ取消等ノ如シ之ヲ保護處分ニ付テ云ヘバ保護處分ノ法律上ノ効力ノ發生ヲ否認スルモノニテ保護處分ノ効力ヲ消滅セシムルモノナリ換言スレバ基本タル保護處分ノ効力ヲ滅失セシメ初メヨリ其處分ナカリシモノト同一ニ看做サルベキ狀態ニ復セシムルヲ云フ然レ圧《ドモ》時ニハ單ニ將來ニ向テノミ其處分ノ効力ヲ消滅セシムル場合ニモ使用スルコトアリ例ヘバ處分ノ執行ノ取消ハ後者ニ屬スルナルベシ。

保護處分ハ其宣告ニヨリテ即時ニ確定シテ効力ヲ生シ既判力羈束力等ヲ有スルニ至リ之ニ對シ不服申出等ヲ許サザルモノナルヲ以テ當事者關係者等ヨリ取消ヲ申出ルコト能ハザルハ勿論ニシテ只保護處分ヲ爲シタル官廳又ハ其監督官廳ニ於テ法規ニ基キ取消ヲ爲シ得ルニ過ギザルモノトス又此取消ナルモノハ多クノ場合少年法第四條第一項第五號乃至第九號ノ所謂繼續的保護處分ノ場合ニ起ル問題ニシテ同條第一號乃至第四號ノ一時的保護處分ニ付テハ適用アルコト少ナシ何トナレバ一時的保護處分ハ文字ノ如ク一時的ニ保護處分ノ効果ヲ發生セシムルモノニシテ繼續的ニ効果ヲ存續セシムルモノニアラザルヲ以テ宣告ニヨリテ一時効力ヲ發生セシメ其目的ヲ達成セルモノト認ムベキガ故ニ取消ノ問題ノ起ル理ナシ然レ圧《ドモ》或特定ノ場合即刑事訴追ノ要アル重大案件ナリシコト判明セシ場合ニ於テノミ取消ノ問題ヲ生ズルノミ。

保護處分ハ取消ニヨリテ消滅ス之ヲ宣告シタル官廳若クハ其監督官廳ハ之ヲ取消シ得ルモ濫リニ之ヲ爲スコトヲ得ズ盖シ法令ニヨリ必要ト認メ保護處分ヲ加ヘタルモノニシテ一種ノ法律關係ガ設定セラレ既判力羈束力ヲ生ジタルモノナルヲ以テ何等ノ理由ナク濫リニ之ヲ取消シ處分ヲ消滅セシメ得ルトセンカ保護處分ヲ創設セル趣旨ヲ沒却シ且關係者ヲシテ適從スル所ヲ知ラサラシムルノ結果ヲ生ズルガ故ニ法ハ其取消シ得ベキ場合ヲ規定セリ。

今取消ノ場合ヲ列擧スレバ

第一、権限ヲ超越シテ處分ヲ爲シタル場合

權限ヲ超越シタル處分ハ行政上絶體［對］的無効ナルヲ以テ少年審判所ガ少年法ニ規定セラレタル權限ヲ全然超越シテ處分ヲ爲シタル時ハ其處分モ亦絶體［對］的無効ニシテ處分ノ効ナキモノナリ既ニ根本的無効ナルヲ以テ敢テ之ガ取消ラ宣スルノ要ナシト雖事務ノ取扱上此場合ニモ無効タルノ宣言ヲ爲スヲ便トス但シ此場合ノ取消ハ單ニ其無効タルコトヲ宣言スルヲ以テ足ル。

官廳ガ其權限ヲ全然超越スル如キハ極メテ稀有ノ場合ニシテ實例トシテモ殆ンド絶無ナルベシ例ヘバ保護處分ヲ爲ス權限ヲ有スル少年審判所ガ行政檢束ヲ爲スカ又ハ單純ニ逮捕處分ヲ爲

ス如キハ全然權限外ノ處分ナリ又大審院ノ特別權限ニ屬スル犯罪者タルコト明カニシテ且之ヲ知リツ、之ニ保護處分ヲ加フル如キハ全然權限外ニシテ當然無効タルベシ然レ𪜈《ドモ》審判當時大審院ノ特別權限ニ屬スル犯罪者タルコト判明セズシテ保護處分ヲ加ヘ後日ニ至リ大審院ノ特別權限ニ屬スル犯罪者タルコト發見シタル時ハ後ニ説明スル如ク相對的無効タルベク既ニ爲シタル保護處分ハ根本的ニ絶體［對］無効ニアラズシテ少年審判所ニ認メラレタル權限ニ基キ宣シタルモノニ係リ有効ナルモ後日ニ至リ其權限ニアラザルコト判明シタルモノニシテ相對的無効ナルガ故ニ少年法第五十九條ニ之ヲ取消スベキコトヲ規定セリ又軍人軍屬タルコトラ知リツ、之ニ保護處分ヲ加フルコトモ亦全然權限ヲ超越シタルモノニシテ絶體［對］無効タルベシ然レドモ調査ノ結果審判當時軍人軍屬タルコト判明セズシテ保護處分ヲ爲シ後日ニ至リ判明シタル時ハ之亦相對的無効トシテ少年審判所ハ之ヲ取消サザルベガラズ法文ニハ此點ニ關スル規定ナシト雖行政法理上大審院特別權限ノ場合ト同一ニ解スベキモノト認ム尚年令超過其他ノ場合ニ於テモ右ト同一趣旨ニ解スベキモノト思料ス。

第二、法規ニ違犯シテ處分ヲ爲シタル場合

少年審判所ガ其權限ヲ超越シタルニアラザルモ法規ニ違犯シテ保護虜分ヲ加ヘタルモノナル

時ハ行政上所謂相對的無効ニシテ取消ニヨリテ初メテ無効タルベシ法規ニ違犯シタル處分ヲ取消スベキハ當該官廳ノ義務ナリ假リニ處分ヲ受ケタル者ガ之ニ服從スルモ尚之ヲ取消サザルベカラズ違法處分ノ取消ハ處分ノ効力ヲ除却スルヲ目的トスルモノナルヲ以テ處分ヲ爲シタル時ニ遡リテ其効力ヲ有ス從テ其處分ニヨリテ生ジタル關係ハ成ルベク處分前ノ原狀ニ回復セシメザルベカラズ然レドモ法律上既ニ確定シタル効果ハ明文ノ規定ナキ限リ之ヲ除却スルヲ得ザルベシ。

少年審判所ガ保護處分ヲ加フルノ要アリト認メ之ガ處分ヲ爲シタル時ハ一應權限ニ基キタルモノニテ法規ニ準據シタルモノト推定スベク從テ其處分ハ有効ナルモノト斷定セザルベカラズ蓋シ保護處分ヲ加フベキモノナルヤ否ヤノ認定ハ一ニ少年審判所ノ權限ニ委シタルモノナレバナリ然リト雖其後ニ至リ法規ニ違犯セルモノナルコトヲ發見シタル時ハ行政上其保護處分ヲ取消サザルベカラズ取消ニヨリテ初メテ無効タルガ故ニ相對的無効タルナリ。

1、大審院ノ特別權限ニ屬スル犯罪者ニ保護處分ヲ爲シタル場合

少年法第二十六條ハ大審院ノ特別權限ニ屬スル罪ヲ犯シタル者ハ少年審判所ノ審判ニ付セズト規定ス即チ裁判所構成法ニ基キ皇室ニ對スル危害罪内亂罪等ハ事極メテ重大ニシテ國家ノ存

立上嚴重ナル處罰ヲ要スベク保護處分ヲ加フルニ適セザルカ故ニ審判ニ付セシメザルナリ故ニ調査ノ結果本條ニ該當スル者ナリト認メタル時ハ少年審判所ハ保護處分ヲ加フルコトナク刑事訴追ノ爲メ所轄檢事ニ送致スルナルベシ然レ𪜈《ドモ》審判當時其事情判明セザリシモノナルカ故ニ少年審判所ガ認メラレタル權限ニ基キ審判ヲ爲スヲ相當ト認メ保護處分ヲ加ヘタルモノニシテ直ニ以テ無効ナリト云フヲ得ズ唯後日ニ至リ其事情ヲ發見シタル時ハ重大犯罪トシテ刑事訴追ノ要アルベク少年法第五十九條第一項ニ處分ヲ取消スベキ旨ヲ規定ス即チ相對的無効ナリ此場合ノ取消ハ全然保護處分ヲ加ヘザリシ以前ノ狀態ニ復セシムルモノナルモ明文ノ規定ナキニヨリ既ニ確定シタル効果（委託等ニヨリ費用ヲ要シタル等）ヲモ除却セシムベキモノニアラザルナリ此場合ト雖前述セシ如ク若シ初メヨリ本條ニ該當スルモノナルコト判明セルニ拘ラズ之ヲ知リツヽ保護處分ヲ加ヘタル時ハ明カニ其權限ヲ超越シタルモノナルガ故ニ絕體［對］的無効ナルヲ以テ其無効タル事ヲ宣言セザルベカラズ。

2、　陸海軍々人軍屬ニ對シ保護處分ヲ爲シタル場合

少年法ハ其第三條ニ於テ假出獄等ニ關スル外陸海軍々人軍屬ニ適用セズト規定ス去レバ軍人軍屬ニハ保護處分ヲ加フルコトヲ得ザルモノトス然ルニ少年審判所ニ於テ調査ヲ了シタルモ少

年ガ軍人軍屬タルコト判明セズ普通ノ少年トシテ保護處分ヲ加ヘタルモ其後ニ至リ軍人軍屬タルコトヲ發見シタル時ハ所謂法規ニ違犯シタルモノニテ相對的無効ナルヲ以テ少年審判所ハ其處分ヲ取消サザルベカラズ此場合ノ取消ニ付テハ少年法ニ規定スル所ナキヲ以テ絶對的無効ナルニアラズヤトノ疑ナキニアラズト雖審判當時軍人軍屬タルコトヲ判明セズシテ保護處分ヲ加ヘタルモノニ係リ法ニ認メラレタル審判所ノ權限ニ基キ爲サレタル保護處分ニテ全然權限ヲ超越シタルモノト云フヲ得ザルガ故ニ絶體［對］ニ根本的ニ無効タリト云フヲ得ズ唯後ニ至リ發見シタルモノニテ法規違犯ノ點ニ觸レタルモノニテ相對的無効ニ過ギズ。

此場合ニ於テモ初メヨリ軍人軍屬タルコトヲ知リツ、之ニ保護處分ヲ加ヘタル時ハ素ヨリ權限ヲ全然超越シタルモノニテ絶體［對］的無効タルコトハ論ナキ所ナリ。

3、刑事訴訟手續ニヨリ審理中ノモノナル時

少年法第二十八條第一項ニ刑事手續ニヨリ審理中ノ者ハ少年審判所ノ審判ニ付セズト規定ス保護處分ト刑事處分トノ重復ヲ避ケントスルニアルノミナラズ刑事政策上ノ見地ヨリ國家ガ既ニ刑事處分ヲ加ヘントシテ審理中ノ者ナルヲ以テ之ト矛盾セル保護處分ヲ排除セルモノナルガ故ニ少年審判所ノ審判ニ付セザルモノナリ然レ圧《ドモ》少年審判所ガ調査ヲ完了シタルモ刑事手續中

ナルコト判明セズ之ニ保護處分ヲ加フルモ權限ヲ超越シタルモノト云フヲ得ズ然ルニ後日ニ至リ刑事手續中ノモノナルコト判明シタル時ハ審判ニ付スベカラザル旨ノ法規ニ違犯シタルモノニシテ相對的無効ト云フベク少年審判所ハ之ガ取消ヲ爲サザルベカラズ。

4、十四歳未滿ノ少年ニ付キ地方長官ノ送致ナキ時

少年ガ果シテ十四歳未滿ナルヤ十四歳以上ナルヤヲ認定スルハ少年審判所ノ權限ニ屬ス故ニ少年審判所ガ諸般ノ調査ヲ終了シ十四歳以上ナリト認定シ保護處分ヲ加ヘタルト十四歳未滿ナルモ適法ナル地方長官ノ送致アリト認メ（送致書ノ僞造若クハ錯誤等ニヨリ適法ノ送致アリト認メ）保護處分ヲ加ヘタル時ハ權限ニ準據シタルモノニテ素ヨリ有効タルベシ然レドモ後日ニ至リ十四歳未滿ナルコト確定シ若クハ正當ノ手續ニヨル地方長官ノ送致ヲ缺クモノナルコト明確ナルニ至リタル時ニ初メ少年法第二十八條第二項ノ規定ニ背反シタルモノナルヲ以テ相對的無効ニシテ審判所ハ之ヲ取消サザルベカラズ。

5、十八歳以上ノ者ニ對シ保護處分ヲ加ヘタル時

十八歳以上ノ者ニ對シ保護處分ヲ加ヘタル時ハ恰モ權限ヲ超越シタルモノノ如キ觀ナキニアラズト雖抑モ少年ガ十八歳以上ナルヤ十八歳未滿ナルヤヲ認定スルハ之亦少年審判所ノ權限ニ

係リ調査粗漏ナリトノ非難ヲ受クルコトナキニアラズト雖苟モ少年審判所ガ調査ヲ完了シタル後十八歳未滿ナリト認メ之ニ適當ナリト思料スル保護處分ヲ加ヘタルモノニテ法律上瑕瑾アルコトナシ然レドモ如何ニ權限ヲ附與セラレタリトスルモ事實ヲ不當ニ認定スルヲ得ザルコト勿論ニシテ時日ノ經過若クハ調査ノ徹底ヲ待チ認定ヲ覆スコトアルベク後日ニ至リ十八歳以上ナルコト明確ナルニ至リタル時ハ玆ニ初メテ少年法第一條ニ背反シタル法規違犯ニシテ相對的無効トシテ之ガ取消ヲ爲サザルベカラズ。

6、死刑無期又ハ短期三年以上ノ罪ヲ犯シタルモノニ付キ裁判所檢事ヨリ送致ナキ時

7、十六歳以上ノ犯罪者ニシテ裁判所檢事ヨリ送致ナキ時

總テ犯罪者ニ對シ刑事訴追ヲ爲シ若クハ刑事裁判ヲ爲スハ檢事裁判所ノ專權ニ委セラレタルモノニテ右二箇ノ場合ニ於テハ比較的事件重大ニシテ檢事裁判所ヲシテ處罰ノ要アルヤ否ヤヲ決セシメ其送致アリタル後初メテ之ニ保護處分ヲ爲サシムル趣旨ニ出デタルモノナリ少年法第二十七條ハ此二箇ノ場合ニ付キ裁判所檢事ヨリ送致ヲ受ケタル場合ノ外審判ニ付セズト規定ス故ニ審判後ニ至リ此條件ニ違犯セルモノナルコト明確ナルニ至リタル時ハ相對的無効ニシテ之ヲ取消サザルベカラザルノミナラズ第六ノ場合ハ檢事ノ意見ヲ聽キ刑事訴追ノ爲メ檢事ニ送致

セザルベカラズ。

8、一度刑事處分ヲ受ケタル事件又ハ審判シタル事件ニ付キ更ニ保護處分ヲ加ヘタル場合

曩キニ説明シタル如ク國家ガ既ニ裁判若クハ審判ヲ爲シ刑事處分又ハ保護處分ヲ加ヘタル案件ニ付テハ一事不再理ノ原則ニヨルモ再ビ該事件ニ付キ審判ヲ爲スコトヲ得サルベシ左レド調査ノ結果ニヨルモ審判當時右事情判明セズ保護處分ヲ加ヘ後ニ至リ刑事處分若クハ保護處分ヲ受ケタリシ案件ナルコト判明シタルモノナル時ハ法規違犯ニシテ當然無効ナルヲ以テ之ヲ取消サザルベカラズ少年法第六十三條前段ニハ保護處分ヲ加ヘタル案件ニ付テハ刑事處分ヲサヘ加フルコトヲ得ズト規定シ其趣旨ヲ明ニセリ。

9、審判前ノ輕キ犯罪ニ付キ保護處分ヲ加ヘタル場合

先キニ説明シタル如ク少年ニ對シ或犯罪ニ付キ保護處分ヲ如［加］ヘタル時ハ其審判保護處分ノ既判力トシテ審判以前ノ經［輕］キ犯罪ニ對シテ刑事處分ヲサヘモ排除セルモノナリ況ヤ重ネテ保護處分ヲヤ盖シ國家ガ必要ト認メ保護處分ヲ加ヘ既ニ滿足ナル結果ヲ擧ゲツツアルニ拘ラズ以前ノ輕キ事件ニ付キ更ニ刑事處分ヲ爲シ又ハ保護處分ヲ加フル如キハ全然無意味ニ終ル結果ト爲ルベケレバナリ左レバ時日ノ經過若クハ再調査等ニヨリ右事情判明シタル時ハ法規

違犯相對的無効ニシテ之ヲ取消サザルベカラズ。

10、少年ニ全然犯罪行爲ナク又ハ犯行ヲ爲ス虞ナカリシモノナル時

少年ニ犯行アリヤ若クハ犯行ヲ爲ス虞アルヤ否ヤ認定スルハ少年審判所ノ權限ニ屬スルモノナルヲ以テ少年審判所ガ其權限ニ基キ調査ヲ爲シ其結果犯行アリ若クハ犯行ヲ爲ス虞アリト認定シ之ニ保護處分ヲ加ヘタル時ハ其保護處分ハ適法ニシテ何等瑕瑾アルコトナシ然リト雖少年審判所ト雖素ヨリ無ヲ有ト認定スル權限ナキヲ以テ後日ニ至リ何等カノ錯誤等ニ基キタルモノニテ其少年ニハ全然犯行ナク且犯行ヲ爲ス虞モナカリシモノナルコト判明シタル時ハ即チ少年法第四條ニ違犯シ相對的無効ナルヲ以テ少年審判所ハ之ヲ取消サザルベカラズ。

11、虞アル少年ニ付キ適當ナル保護者ノ承認ヲ經ザル時

少年法第五十五條ニハ犯行ヲ爲ス虞アル少年ニ對シ委託、觀察、感化院送致、少年院送致、病院送致、委託ヲ爲スニ當リ適當ナル親權者等保護者アル時ハ其承諾ヲ經ベシト規定セリ盖シ虞アル少年ハ未ダ犯罪ヲ爲シタルニアラズ比較的事案輕微ナルノミナラズ之ガ指導誘掖ニ適當ナル保護者アリテ而モ其適當ナル保護者ガ繼續的保護處分ヲ加フルニ承諾ヲ與ヘズ自ラ之ヲ保護スルカ若クハ他ヲシテ適當ニ保護セシムルト云フニ在ルヲ以テ一時的保護處分ヲ加フルヲ以テ足リ若クハ强テ一時的保護處分ヲモ加フルコトナクシテ足ルモノナルヲ以テ必ズヤ之ニ保護團體等委託、觀察、感化院送致、少年院送致、病院送致、委託等繼續的保護處分ヲ加フルヲ要セザルモノナレバナリ故ニ若シ後ニ至リ適當ナル保護者アルニ拘ラズ其承諾ヲ經ザルコト明カトナリタル時ハ法規違犯トシテ之ヲ取消サザルベカラズ最モ實際問題トシテハ假リニ保護者アリトスルモ多クハ不適當ナル保護者ナルヲ以テ其承諾ヲ經ルノ要ナカルベク眞ニ適當ナル保護者ノ承諾ラ經ザル場合ノ如キハ極メテ稀有ノ事タルベシ。

尚以上1、2、ノ場合ノミナラズ3、乃至11、ノ場合ニ於テモ審判ノ際其事情明確ナルニ拘ラズ之ヲ知リツツ强テ之ニ保護處分ヲ加ヘタル時ハ素ヨリ權限ヲ超越セルモノニテ絶體［對］的無効ナリ即チ審判當時ニ於テ刑事手續中ナルコト十四歳未滿ニ地方長官ノ送致ナキコト、十八歳以上ナルコト、少年法第二十七條ニ該當セルニ裁判所檢事ヨリ送致ナキコト、既ニ一タビ刑事處分保護處分ヲ加ヘタル案件ナルコト、少年ニ全然犯行ナク若クハ犯行ヲ爲スノ虞ナキモノタルコト、虞アル少年ニ對シ適當ナル保護者ノ承諾ヲ經ザルモノナルコト、判明セルニ拘ラズ之ヲ知リツツ敢テ保護處分ヲ加ヘタル時ハ全然權限ヲ超越シタルモノニ係リ前第一ニ該當スル絶體［對］的無効タルコト勿論ナリ。

第三、目的ヲ達セズシテ取消ス場合

少年審判所ガ爲シタル保護處分ハ適法ニシテ法律上瑕瑾ナキモノナルモ其處分ニテハ到底其保護ノ目的ヲ達スル能ハザル時ハ之ヲ取消サヾルベカラズ即チ禁錮以上ノ刑ニ該ル罪ヲ犯シタル少年ニ付キ感化院送致若クハ矯正院送致ハ其處分ヲ繼續スルニ適セザル事情アリト認メタル時ハ裁判所又ハ檢事ノ意見ヲ聽キ保護處分ヲ取消シ其事件ヲ管轄檢事ニ送致スベキモノトス例ヘバ少年ノ素行不良惡癖等頗ル濃厚ニシテ到底反省ノ見込ナク少年審判所ガ爲シタル右保護處分ニヨリテハ其少年ヲ矯正セシムルヲ得ザル等ノ事情アル時ハ保護處分ノ目的ヲ達セザル右處分ヲ徒ラニ繼續スルコトハ無益ナルノミナラズ却テ一般ノ他ノ教養ニモ支障アリ公益上不適當ニシテ刑事政策上寧ロ其訴追ヲ要スベキモノナルニヨリ少年法第五十九條第二項ニ此趣旨ヲ規定セリ此場合ニハ曩キニ爲シタル保護處分ノ効力ヲ全然根本的ニ消滅セシメ初メヨリ保護處分ナカリシ原狀ニ復セシメ以テ該事件ヲ檢事ニ送致セシムルモノナリ。

第四、保護處分ノ執行ヲ取消ス場合

前項ノ如ク保護處分其者ノ取消ニアラズシテ其處分ノ執行ヲ取消スモノニ係リ處分ヲ加ヘタル最初ニ遡ツテ保護處分ヲ消滅セシメ曾テ保護處分ヲ加ヘザリシ原狀ニ復セシムルニアラズ只

將來ニ向テ其處分ノ執行ノミヲ取消ス場合ナリ少年法第五條ハ少年法第四條第一項第五號乃至第九號ノ處分ハ執行ノ繼續中何時ニテモ之ヲ取消スコトヲ得ト規定ス即チ前記ノ繼續的保護處分ノ執行ヲ將來ニ向テ取消スモノニシテ保護處分其者ヲ根本的ニ消滅セシムルモノニアラズ保護處分ハ其儘存續セシメ其執行ノミヲ取消スモノナリ或ハ説ヲ爲スモノアリ曰ク本條ノ取消モ矢張保護處分其モノヲ消滅セシムルモノナリト然レ𪜈《ドモ》裁判ニ於テ判決ト執行トハ全然之ヲ區別スル如ク審判ニ於テモ亦保護處分ト其執行トハ全然區別シテ考ヘサルベカラザルノミナラズ少年法第五條ニモ明白ニ處分ト執行トヲ區別シ處分ノ執行ノ繼續中之ヲ取消スコトヲ得ト規定シ處分其モノ、取消ニアラズシテ執行ノ取消ヲ規定シタルモノト解スルヲ相當トス若シ反對説ノ如ク本條ニヨリ何時ニテモ處分其モノヲ取消シ根本的ニ保護處分ヲ消滅セシメウルモノト假定センカ立法者ト雖保護處分ノ取消ニ付キ少年法第五十九條ノ如キ嚴格ナル規定ヲ設クルノ愚ヲ爲サザルベシ加之ナラズ少年審判所ガ保護處分ヲ加ヘタル案件ハ後ニ至リ絶對的無効ナルコト若クハ相對的無効ナルコト明確ナルニ至リタルカ又ハ特ニ取消ニ關スル法文ノ規定ナキ以上ハ濫リニ之ヲ取消シ處分其モノヲ消滅セシメ得ザルハ極メテ明白ナリ然ルニ反對説ニヨル時ハ比較的輕キ事件ニ付キ一時的保護處分ヲ加ヘタル案件ハ取消ニ關スル法文ノ規定ナキニヨリ絶對ニ之ヲ取消スコトヲ得ズ其保護處分ノ既判力ヲ存續セシメ少年法第六十三條ニヨリ刑事訴追ヲ爲シ得ザルニ拘ラズ比較的重キ事件ニテ繼續的保護處分ヲ加ヘタル案件ハ第五條ニヨリ何時ニテモ根本的ニ取消シ處分ヲ消滅セシメ得ルガ故ニ更ニ之ニ對シ刑事訴追ヲ爲シ得トノ結論ヲ容認セザルヲ得ザルニ至ルベク何人ト雖此結論ヲ寛容スルモノアラザルベシ去レバ第五條ノ取消ハ單ニ將來ニ向テノ執行ノ取消ナリト斷セザルベカラズ然ラバ執行ノ取消ハ如何ナル場合ニ之ヲ爲スカ

（1）執行不能ニ至リタル時

少年審判所ガ少年ニ對シ保護團體等委託觀察感化院送致少年院送致病院送致委託等繼續的保護處分ヲ加ヘ其繼續的保護處分ノ執行中少年ガ逃走シ其行方不明ナルニ至リタル時ハ事實上保護處分ノ執行ヲ繼續スルコト不可能ナルヲ以テ將來ニ向テ其執行ヲ取消スコトヲ得ベシ尚處分ノ執行中其少年ガ死亡シタル時ハ所謂保護處分ノ客體消滅セルモノナルニヨリ執行ハ自然ニ消滅シ何等取消ノ要ナキニ似タリト雖事務ノ處理上之ガ執行ヲ取消ス旨宣言スルヲ妥當トスベシ實際ニ於テモ事務ノ取扱上此場合ニモ執行取消ノ決定ヲ爲スヲ常トス。

（2）保護ノ目的ヲ達シタル時

少年ニ對シ繼續的保護處分ヲ加ヘタル後ニ於テ教養ノ効果アリテ保護處分ノ目的ヲ達成シタル時即委託處分送致處分ノ目的ヲ達成シ觀察指導ノ効ヲ奏シ疾病治療等ノ目的ヲ達シタル時ハ無意味ニ保護處分ノ執行ヲ繼續セシムルノ要ナキヲ以テ本條ニヨリ處分ノ執行ヲ將來ニ向テ取スヲ得ベシ。

（3）保護ノ目的ヲ達シタルニアラザルモ保護處分ヲ要セザルニ至リタル時

少年ニ對シ前記ノ如キ繼續的保護處分ヲ加ヘタルニ未ダ保護ノ目的ヲ達セザルモ不幸ニシテ少年ガ不治ノ重症ニ罹リタルカ若クハ傳染病ニ罹リ隔離セラレタル塲合等ノ如キハ强テ委託又ハ觀察若クハ送致等ノ保護處分ノ執行ヲ繼續セシムルヲ要セザル場合アルベク又ハ適當ナル保護者アルコトヲ發見シ之ニ引渡シ監督セシムルニ於テハ必ズシモ保護處分ノ執行ヲ繼續セシムルヲ要セザル場合アルベシ之等ノ塲合ニハ亦處分ノ執行ヲ將來ニ向テ取消スヲ得ベシ以上一乃至三ノ塲合ハ何レモ少年法第五條ニ於ケル執行ノ取消ニ該當シ而モ其理由ト時期トニ付テハ何等制限セズ總テ其要否ノ認定ハ少年審判所ノ認定ニ一任シタルモノトス。

第二款　保護處分ノ變更

保護處分ノ變更トハ曩キニ爲シタル保護處分ヲ消滅セシムルト同時ニ之ニ更ユルニ他ノ保護處分ヲ發生セシムルヲ云フ即チ一旦加ヘタル保護處分ノ繼續中必要ニヨリ之ヲ消滅セシメ他ノ保護處分ヲ加フルニアルヲ以テ繼續的保護處分ニ付キ起ル問題ナリ。

少年審判所ガ少年ニ對シ繼續的保護處分即チ少年法第四條第一項第五號乃至第九號ノ保護處分ヲ加ヘタル後ニ於テ日時ノ經過事情ノ變更等ニテ稍目的ヲ達シタルカ若クハ全然目的ヲ達スルコト能ハサルカ等ノ爲メ他ノ保護處分ニ變更スルノ要アル場合アルベシ少年法第五條ハ保護處分ノ繼續中何時ニテモ之ヲ變更スルコトヲ得ト規定シ其變更ノ日時變更ノ理由等ニ付テハ法文ニモ何等ノ制限ヲ付セズ其要否ハ總テ少年審判所ノ認定ニ委シタルモノナリ。

（一）保護團體等委託ヲ觀察少年院送致等ニ變更スル場合

少年ニ對スル保護者ナキカ若クハ假リニ保護者アリトスルモ少年ヲ託スルニ適當ナラズ少年

ノ監督指導ニ適セズ環境亦不良ナル時ハ少年審判所ハ少年ニ對シ所謂收容保護ノ要アルヲ以テ寺院、教會適當ナル者若クハ保護團體等ニ委託處分ヲ爲スベク而シテ其訓練教導ノ効果アリテ稍委託處分ノ目的ヲ達シ爾後少年保護司ノ觀察ノミニテ事足ルニ至リタルトキハ先ニ爲シタル委託處分ヲ變更シテ觀察ニ付スルヲ可トスル場合アルベク保護者ヲ發見シタル場合モ亦觀察ニ變更スルヲ得策トスル場合アルベシ又少年ノ性行頗ル不良ニシテ委託保護ニテハ到底目的ヲ達スルヲ得ズ嚴格ナル矯正教養ヲ爲サシムル必要上少年院送致ニ變更セザルベカラザル場合アルベシ或ハ又少年ノ疾病ヲ治療セシムル爲メ病院送致委託ニ變更スルコトヲ要スル場合アルベク若クハ年少者等ノ故ヲ以テ感化院送致ニ變更スルヲ得策トスル場合モアルベシ然レドモ現今ノ實際ニ於テハ特ニ病院トシテ保護少年收容ノ設備アルモノナク又感化院ニ於テモ其收容定員等ノ關係ニヨリ病院送致、病院委託、感化院送致ニ變更シタル實例ナシ

（二）觀察處分ヲ委託處分、少年院送致等ニ變更スル場合

少年ノ父兄、親族、故舊雇主等ノ保護者ニ委シタルノミニテハ完全ナル保護ノ効果ヲ期待シ

得ズトシテ少年保護司ヲシテ指導誘掖セシムル爲メ觀察處分ニ付シタルモノナルモ適當ナル保護者ヲ缺クニ至リ觀察處分ノミニテハ不十分ナルニヨリ之カ保護ノ効果ヲ完カラシメンガ爲メ保護團體其他ニ收容セシメ委託處分ニ變更スルヲ要スル場合アルベク又ハ一層嚴格ナル矯正教育ヲ爲サシムル爲メ觀察處分ヲ少年院送致ニ變更セザルベカラザル場合モアルベシ觀察ノ場合ニモ病院送致委託、感化院送致等ニ變更シウルモノナルモ前記ト同一理由ニヨリ此場合ノ實例ナシ。

（三）少年院送致ヲ保護團體委託觀察等ニ變更スル場合

少年ノ不良性頗ル濃厚ニシテ其性格ヲ矯正スル爲メ嚴格ナル規律ノ下ニ修養セシムル必要アリテ少年ヲ少年院ニ送致シタルモ少年院、收容ヲ繼續スルニ適セザル特種ノ事情アルコトヲ發見シタル時ハ少年法第五條ニヨリ委託處分觀察等ニ變更スルコトヲ得ベシ然レドモ矯正教養ノ必要アリトシテ少年院ニ送致シタルモノナルヲ以テ送致ノ目的ヲ達シタル等ノ場合ニ矯正院法第十二條第十三條ニヨリ退院、假退院ヲ爲サシメ得ベク又矯正院ノ教養ニ適セズ刑事訴追ヲ要スル時ハ少年法第五十九條第二項第一項ニヨリ送致處分ヲ取消シ檢事ニ送致スベキモノナリ故ニ此等ノ場合ニ該當セザル或特種ノ事情アルニアラザレバ容易ニ之ヲ變更スルヲ得ズ盖シ濫リニ此ヲ變更スルニ於テハ少年院送致ノ趣旨ヲ沒却スルノミナラズ特別ノ事情ニ付キ深キ考慮ヲ拂フニアラザレバ意外ノ結果ヲ惹起スル虞アレバナリ實際ニ於テモ斯カル實例ハ極メテ少ナシ例ヘバ少年院送致後ニ於テ少年ガ猛烈ナル傳染病ニ罹リ少年院ノ設備ニテハ到底療養ニ適セザル時ハ觀察等ニ變更シ親戚等ニ引取ラシメ適宜療養セシムルヲ可トスル場合アルベク又刑事訴追ヲ爲スニ至ラザルモ他ノ在院生ニ傳播ノ虞アル少年ノ思想上ノ關係ニヨリ或人格者ニ委託スルカ又ハ特別設備アル保護團體委託ニ變更スルヲ得策トスル場合ナキニアラザルベシ。

(四) 或委託處分ヲ他ノ委託處分ニ變更スル場合

例ヘバ少年ヲ甲保護團體ニ委託シタルニ乙保護團體委託ニ變更シ若クハ個人委託ニ變更スル場合ノ如シ此等ノ場合ニ委託處分ノ受託者ヲ變更スルハ保護處分ノ變更ト云フヲ得ズ唯單ニ受託者ノミヲ變更スレバ足ルト論ズル者ナキニアラズト雖此場合ハ委託ノ内容ヲモ變更スルモノ

ナルガ故ニ保護處分ノ變更ナリト云フヲ可トス即チ本項ノ委託處分ノ受託者ハ單一ニアラズシテ寺院、教會、保護團體又ハ個人ニシテ受託者ノ中ニハ學課教育ヲ主トスルモノモアルベク或ハ職業教育ニ重キヲ置クモノアルベク又ハ疾病治療ヲ主トスルモノアルベク若クハ人格養成ニ沒頭スルモノアルベク其受託者ヲ異ニスル毎ニ委託ノ内容ヲモ異ニスルノミナラズ委託處分ニ付テハ受託者ノ受諾ヲ要スルモノナルガ故ニ甲保護團體委託ト乙保護團體委託ト寺院委託、教會委託、個人委託等ハ即チ全然異ナル處分ト云ハザルベカラズ殊ニ保護團體ハ其經營者ノ性格、理想方針等ニヨリ各異ナル特色ヲ有スルモノナルベキガ故ニ或種ノ保護團體委託ヲ他ノ保護團體委託、個人委託ニ變更セザルベカラザル場合アルベシ。

前記（一）乃至（四）ノ場合ノ外感化院送致、病院送致等ヲ保護團體委託觀察少年院送致等ニ變更スベキ場合ヲモ想像シ得ザルニアラザルモ叙上ノ理由ニヨリ未ダ其實例ナシ。

以上説明シタル所ニヨリテ少年法ニヨリ創設セラレタル審判制度即少年保護處分制度ノ大體ヲ講述シ得タリト思料ス唯餘ス所ハ少年法第三章刑事處分及第六章裁判所ノ刑事手續并ニ罰則ニ過ギズ然レドモ是等ハ全ク刑法刑事訴設［訟］法ノ問題ニシテ少年保護トモ關係ナキニアラ

ズト雖純然タル刑事處分問題ノ範圍ニ屬スルヲ以テ一先茲ニ擱筆スルコト、セリ。(完)

《解題》永田三郎「少年法講義」の意義

武内謙治

1　少年法講義の概要

本書は、永田三郎「少年法講義」（以下「講義」と記す）の複写を底本として文字を起こし、形式上の体裁を整えた上で、一冊の書にまとめたものである[1]。また、連載の本文に付されている章立てから目次を作成し、新たに付している。明らかな誤記・誤植、脱語と考えられるもの以外は、原文の通りにしている。訂正は、[ ]にいれて示した。合略仮名は原文通りに記した上で、ルビ（読みがな）を振っている。

本「講義」は、日本少年保護協会大阪支部の「會報」およびその後継誌である「我か子」に、一九二五（大正一四）年から一九三四（昭和九）年まで、全二二回、連載された。この連載が掲載された具体的な巻号と頁数に関する情報は、次の通りである（丸囲み数字は、連載の回数である）。

①：會報大正一五年九月号（一九二五年）四七～四九頁
②：會報昭和二年二月号（一九二七年）六五～六八頁
③：會報昭和二年五月号（一九二七年）五一～五七頁
④：會報昭和二年九月号（一九二七年）五九～六二頁
⑤：會報昭和三年五月号（一九二八年）六三～六六頁

⑥：會報昭和三年五月号（一九二八年）三七〜四七頁
⑦：我か子一巻四号（一九二九年）二七〜三〇頁
⑧：我か子一巻七号（一九二九年）二五〜三〇頁
⑨：我か子一巻一〇号（一九二九年）二五〜三〇頁
⑩：我か子二巻三号（一九三〇年）三六〜三九頁
⑪：我か子二巻八号（一九三〇年）六五〜七二頁
⑫：我か子二巻一一号（一九三〇年）二三〜二七頁
⑬：我か子三巻一号（一九三一年）四二〜四六頁
⑭：我か子三巻三号（一九三一年）四五〜四八頁
⑮：我か子三巻五号（一九三一年）二三〜二五頁
⑯：我か子三巻七号（一九三一年）二六〜二九頁
⑰：我か子四巻二号（一九三二年）四二〜四六頁
⑱：我か子四巻五号（一九三二年）三九〜四三頁
⑲：我か子五巻一号（一九三三年）七一〜七五頁
⑳：我か子五巻四号（一九三三年）四八〜五一頁
㉑：我か子五巻九号（一九三三年）五四〜六一頁

㉒：我か子六巻一号（一九三四年）五三〜五八頁

また、章立てと連載の回数の符合状況は、次のようになっている[2]。

總論（①）

第一章　少年法ノ意義

第二章　少年法ノ地位

第三章　少年法ノ目的

第四章　少年法ノ解釋

第五章　少年法ノ効力（②）

本論

第一編　審判

第一章　審判ノ意義

第二章　審判ノ性質

第三章　審判ノ主体（③）

第一節　少年審判所

第二節　少年審判所ノ職員

第一款　少年審判官

第二款　少年保護司

第三款　少年裁判所書記官(④⑤)

第四章　審判ノ客体

第一節　少年

第二節　保護者(⑥)

第三節　参考人(⑦)

第四節　附添人

第五章　審判ノ受理(審判ノ端緒若クハ發生)(⑧)

第六章　審判ノ準備(⑨)

第一節　假處分

第二節　調査(⑩)

第三節　審判期日ノ指定(⑪)

第四節　少年保護者参考人附添人等ノ呼出

第五節　少年本人ノ同行
第七章　審判不開始
第八章　審判開始
　第一節　審判ニ適用セラルベキ原則
　第二節　審判ノ範囲及内容⑫
第九章　審判ノ形式（外形）
第十章　審判ノ回避⑬
第十一章　審判ノ順序
第十二章　終局処分
　第一節　検事送致
　第一節　検事送致ノ宣言⑭
　第二節　他廳移送ノ宣言⑮
　第三節　保護処分ヲ加ヘザル旨ノ宣言⑯
　第四節　保護処分ノ宣告⑰⑱
　　第一項　保護処分ノ性質
　　第二項　保護処分ノ効力⑲

2　永田三郎の経歴と業績

永田三郎は、一八七四（明治七）年五月、群馬県に生まれ、一九〇五（明治三八）年七月に東京帝国大学卒業[3]と同時に司法官試補（浦和地方裁判所詰）に任ぜられている。一九〇七（明治四〇）年四月から熊谷区裁判所予備判事、一九〇七（明治四〇）年七月から山形地方裁判所判事を務めた後、検事に転じ、一九一二（明治四五）年三月に古川区裁判所検事、一九一五（大正四）年四月に神戸区裁判所検事、一九一七（大正六）年九月に宇都宮地方裁判所検事と大田原区裁判所検事、一九二〇（大正九）年一二月に川越区裁判所検事、一九二一（大正一〇）年一二月に大阪地方裁判所検事の席を占めた。一九二三（大正一二）年一月に旧少年法の施行と同時に大阪少年審判所の審判官[4]に任ぜられ、一九三二（昭和七）年一月から一九三五（昭和一〇）年一〇月まで、三年九ヶ月の間、大阪少年審判所の第三代目の所長を務めた[5]。永田は、大阪少年審判所長退任とともに大阪控訴院の勅任検事に補せられた翌日、定年を前にして、突如職を辞したと伝えられている[6]。その後、一九三六（昭和一一）年から公証人を務めた永田は、一九四〇（昭和一五）年三月二九日に、急性肺炎のため、六五歳で死去している[7]。

永田が活字として残した業績は、多くない。大阪少年審判所長の職にあったことと関係する文章[8]を除いて、現在、「講義」のほかに確認できるのは、本派本願寺社會課が編んだ『少年保護事業概説』（本派本願寺社會課、一九二六年）に寄せた「少年法の特質（大要）」と題する論攷だけである（五五〜七九頁）。また、永田は、少年審判所の外において日本少年保護協会京都支部長と同協会大阪支部長を歴任したことから[9]、その立場で、観察の業務を担った嘱託少年保護司の「極めて困難なる此尊き体験より得たる百数十名よりの報告を分類編輯せる」書である『子を護る』（日本少年保護協会大阪支部、一九三五年）の編者にもなっている[10]。

当時、永田の名を世に知らしめたのは、むしろ、実務家としての実践においてであったといえる。その実践上の功績は、何より、少年審判（所）の運営において斬新な試みを行ったことにある。その代表といってよい例が、大阪少年審判所長時代に履践した夜間審判と日曜審判である。その実施が決定された一九三四（昭和九）年二月二二日の会議の模様を、「我か子」掲載の「雑報　大阪少年審判所だより」は、次のように記している。

○二月二十二日　午後一時より會議室に於て若松會例會を開催、席上今後夜間審判、日曜審判の件を決せられたり、

右夜間審判は通學中にして執務時間内に呼出に應じ難き少年又は勞働勞務に依り其の賃金を以て辛う

裁判制度に
新しき試み

少年の審判を夜間にやる

大阪で永田所長の英斷

永田所長

【大阪電話】今度大阪の少年審判所長に新任した永田三郎氏の英斷により少年の夜間審判が全國にさきがけて大阪で試みられることになつたこの制度は人件費など經費の關係から

必要 を認められつゝも曾て一度も實施されなかつたが、犯罪少年の中には多數の學生や兒童があり、審判の日には學業を放擲して出頭しなければならず、一方少年の行末を案じて審判廷に立ち會ふ父兄も一日の業務を休まなければならぬ、勞働者の家庭では一日を棒に振ることが非常な苦痛であり、不良少年少女の續出し易い上流家庭の場合でも、父兄が白晝審判所に

出頭 することは世間體からいつてもこの上ない苦痛に迫ひない等々で、これ等苦痛不便を除くため永田所長は所長官舍が審判所の傍にあるのを幸ひ私生活を犠牲にして自ら夜間部を受け持ち午後六時から八時までの隔間一週に一度宛夜間審判を開始することとなつた

同審判所は大阪、京都、兵庫の二府一縣下を管轄し取扱件數は年四千余件この中審判に付せられるものは實に三百余件の多數に上つてゐるが、これをことごとく夜間審判にすることは事實上不可能なので、犯罪少年の通學及び勤務關係や家庭の事情などについて、豫め保護司に調査上申させ嚴選の上、特に夜間審判を必要とするもののみを取扱ふはずであるが、何分全國最初の試みだといふので司法界では所長の英斷的試みを注目してる

東京朝日新聞　一九三四（昭和九）年二月二四日（土）付朝刊一一頁

じて一家を支ふる少年又は保護者が一日呼出のため賃金を得られざるため困難を感ずる者に對しては可成少年又は保護者の便宜を圖るため此制を採用するも、之れには濫用せられざる樣特に調査保護司に於て充分調査して意見付せられ度因より被調査者の希望を容るゝものに無之調査保護司幷に審判官に於て必要と確認したるものに限る事となれり[11]。

この試みは、当時の新聞紙上でも大きく取り上げられている。東京朝日新聞は、「裁判制度に新しき試み　少年の審判を夜間にやる　大阪で永田所長の英斷」との見出しで、夜間審判について、次のように報じている（原文に付されたルビは省略）。

【大阪電話】今度大阪の少年審判所長に新任した永田三郎氏の英斷により少年の夜間審判が全國にさきがけて

> 大阪で試みられることになつたこの制度は人件費など經費の関係から必要を認められつゝも曽て一度も實施されなかつたが、犯罪少年の中には多數の學生や兒童があり、審判の日には學業を放擲して出頭しなければならず、一方少年の行末を案じて審判廷に立ち會ふ父兄も一日の業務を休まなければならぬ、勞働者の家庭では一日を棒に振ることが非常な苦痛であり、不良少年少女の發生し易い上流階級の場合でも、父兄が白晝審判所に出頭することは世間體からいつてもその上ない苦痛に違ひない等々で、これ等苦痛不便を除くため永田所長は所長官舎が審判所の傍らにあるのを幸ひ私生活を犠牲にして自ら夜間部を受け持ち午後六時から八時までの時間一週に一度宛夜間審判を開始することとなつた
>
> 同審判所は、大阪、京都、兵庫の二府一縣下を管轄し取扱件數は年四千余件この中審判に付せられるものは實に三百余件の多數に上つてゐるが、これをことごとく夜間審判することは事實上不可能なので、犯罪少年の通學及び勤務關係や家庭の事情などについて、豫め保護司に調査上申させ嚴選の上、特に夜間審判を必要とするもののみを取扱ふはずであるが、何分全國最初の試みだといふので司法界では所長の英斷的試みを注目してる（ママ）[12]

また、読売新聞は、「大衆めざす英斷 日曜も裁判　けふから大阪少年審判所」との見出しで、日曜審判につき、次のように報じている(原文に付されたルビは省略)。

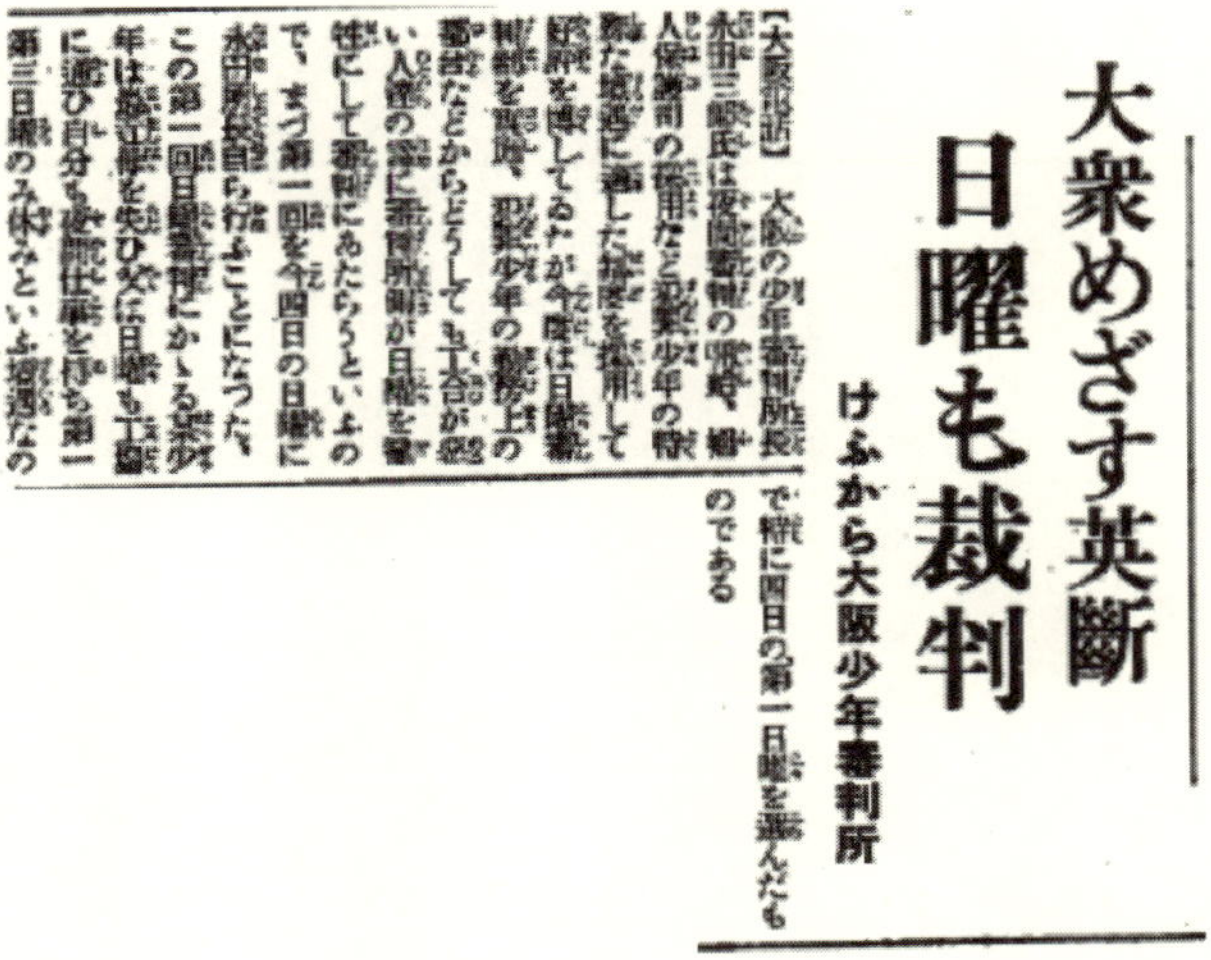

大衆めざす英断
日曜も裁判
けふから大阪少年審判所

【大阪電話】大阪の少年審判所長永田三郎氏は夜間審判の開始、婦人保護司の採用など犯罪少年の特殊な境遇に適した制度を採用して好評を博してゐたが今度は日曜審判制を實施、犯罪少年の勤務上の都合などからどうしても工合が惡い人たちの爲に審判所側が日曜を犠牲にして審判にあたらうといふので、まづ第一回を今四日の日曜日に永田所長自ら行ふことになつた、この第一回日曜審判にかゝる某少年は最近母を失ひ父は日曜も工場に通ひ自分も夜間仕事を持ち第一第三日曜のみ休みといふ境遇なので特に四日の第一日曜を選んだものである

読売新聞一九三四（昭和九）年三月四日（日）付朝刊七頁

【大阪電話】　大阪の少年審判所長永田三郎氏は夜間審判の開始、婦人保護司の採用など犯罪少年の特殊な境遇に適した制度を採用して好評を博していゐたが今度は日曜審判制を實施、犯罪少年の勤務上の都合などからどうしても工《ママ》合が悪い人たちの爲に審判所側が日曜を犠牲にして審判にあたらうといふので、まづ《ママ》第一回を今四日の日曜日に永田所長自ら行ふことになつた、この第一回日曜審判にかゝる某少年は最近母を失ひ父は日曜も工場に通ひ自分も夜間仕事を持ち第一第三のみ休みといふ境遇なので特に四日の第一日曜を選んだものである[13]

「先生は大阪少年審判所開廳依來の少年審判官で、全く我が廳草分けの恩人であります。我が國に全く前例のない新しい官廳の礎石を据えて來られたのでありまし

て、そのご苦労の程想ひやられるのであります。昨年一月以來は所長として活躍なされたのであるが、所長たるの期間永からず、先生の抱負を十分に實現するの時を藉さなかつたのを遺憾とするのであります。併しながら先生が所長となられるや、先生は大英斷を以て夜間審判、日曜審判の新例を開かれたので、先生の抱負の一端は躍如として茲に窺はれるのであります」[14]。大阪少年審判所の審判官であった古岩井久平がこのように記しているように、夜間審判と日曜審判は、永田の長年にわたる少年審判官としての経験から構想されたものであり、また、その主導によっていたと断じてよいであろう。この新しい試みにかける永田自身の意気込みは、大阪少年審判所長就任時に永田自身が記した挨拶、そして「我か子」の「扉の言葉」に残された言葉からも窺われる。長くなるが、引用しておく（傍線は原文のまま。強調傍点引用者）。

古谷前所長御勇退の跡を受け、私が今回大阪少年審判所長を命ぜられました。不肖私が果たして其任に堪へ得るや否やを心配して居る次第であります。私は大正十二年一月大阪少年審判所創設以来一士卒として最前線に立ち働き來りしもので、到底將の將たるの資格なきことを自覺して居りますが、官命もだし難く厚顔にも引受けた次第であります。從て先第一に大體に於て前所長の主義方針に則ることは勿論でありますから、前所長に寄せられた御好意は引續き私に對する指導鞭撻の資とせられんことを希望します。然し私に於きましても亦多少の考なきにしもあらざるを以て追々に申上る機會もあらうかと存じますが至誠一貫公平無私たるべきことは敢て人後に落ちない積りであります。素より所長として少年審判所の事務の管理並に職員の監督は法の命ずる任務であつてこれを忽緒に付することの出來ないことは論を待たざる所でありますが、又一面少年審判官としての任務を等閑に付することは出來ませぬ。去れば私は比喩少しく隠（ママ）當を欠くの嫌ありますが、將に將として間接に高所より號令叱咤するよりも寧ろ士卒一團と爲り士卒のリーダーとして協力一致最前線に立働く積りであります。嗚滸がましき中分なれども若し假りに私に多少の經驗ありとせば、少年に直接し誠を少年の腹中に置く底の立働きをも爲し、少年保護の任務に精進したいと考へて居ります。私が此等任務に堪へ得るや否やは偏に廳員諸君並に少年保護に関係ある諸賢の御鞭撻御後援によることと信じますから宜しく御願いする次第であります[15]。

さる三月一日より、永田所長の發案によつて、我が大阪少年審判所に於て開始されるに至った、夜間及び日曜日に於ける審判の實施は、氏の週末及び夜間の貴重なる時間をさかれて行はれることではあり、書記課の努力と相俟つて、我が國少年審判所の歴史の上に全く劃期的な試みであつた。この企圖が、保護少年の福利増進の上に恵まさることの多いことは、今さら贅言を要するまでもないことであつて、世間的に憚り多き者、その日暮しの窮貧者、在學中の學生、其他急を要する者等が蒙る恩恵は誠に大と謂わねばならない。

同じ官廳の事務とは謂へ、少年保護の如き、硬化しては矛盾やギヤツプが出來て社會性を失ひ易い傾きを持つ。一時が萬事、不斷の若々しさと彈力性をもつて、我が事業界の進歩を圖りたいものである[16]。

「私に於きましても亦多少の考なきにしもあら」ず、という永田自身の言葉は、恐らく、夜間審判・日曜審判を念頭に置いたものではなかったか。また、先に見た新聞報道で伝えられた「永田所長は所長官舎が審判所の傍らにあるのを幸ひ私生活を犠牲にして自ら夜間部を受け持」つ、との方針は、「少年審判官としての任務を等閑に付」さず、「將に將として間接に高所より號令叱咤するよりも寧ろ士卒一團と爲り士卒のリーダーとして協力一致最前線に立働く積り」という永田の抱負を具現するものであったといえる。こうした永田の抱負は、夜間審判や日曜審判の対象を拡大する方向に向かってもいた。先にみた、一九三四（昭和九）年二月二二日に実施を決定した際の様子を伝える「雑報　大阪少年審判所だより」や新聞報道の書きぶりからも窺われるように、夜間審判や日曜審判は、当初、「濫用せられざる様」に、抑制的に運用されるべきものとされていた。しかし、翌一九三五（昭和一〇）年七月二二日に開催された若松會の模様を、「雑報」は、次のように伝えている。

○七月二十二日　午前十一時より會議室に於て若松會例會開催、永田所長より、休日審判、夜間審判の件數少きに付必要と認むる分に就ては今少しく便宜を與ふる事にするも差支なき旨を開示せられたり[17]。

この夜間審判および日曜審判の実施件数や具体的な運用、その後の消長を詳らかに伝える記録に、筆者は接することができていない。しかし、永田と同時期に大阪少年審判所に審判官として在籍し、後に福岡少年審判所長に転じた辻三省は、一九四一（昭和一六）年の段階で、消極的な表現を交えながらではあるものの、「出張審判」の実務運用に触れている。

（略）東京や大阪などの少年審判所では本廳で調査審判する事件數が多いやうでありますが、福岡少年審判所では廣汎なる管轄區域内に事件が分散して居り、遠隔地の事件が本廳附近の事件よりもずつと多くなつて居りまして、貧困者の多い少年を其の住所から本廳まで呼出すのは法外の失《ママ》費を負擔させることになり氣の毒に思はれますので、斯かる少年は少年保護司よりも其の住所又は其の附近に出張して調査を爲し、少年審判官も二十件なり三十件なり調査濟み事件が集まつた上で便利のよい最寄りの場所に少年等を呼集め審判をすることに致して居るのであります。普通に之を出張審判と申して居りますが他の審判所に比較すると福岡少年審判所は出張審判を必要とする事件が意外に多く、出張審判が原則となつてゐるやうな有様であり活動に異常の努力を要するのみならず、能率があがりにくいのであります[18]。

「可成少年又は保護者の便宜を圖る」という大阪少年審判所の夜間審判、日曜審判の発想が出張審判の制度や運用につながっていった可能性は否定されえない。そうでないとしても、少年や保護者の置かれた社会的な立場や彼らを取り巻く問題に注意を向ける発想は、戦時体制が整えられる前の段階の少年審判(所)運営において、夜間審判、日曜審判、そして出張審判として、実践として形を与えられていたのである。

3 「會報」・「我か子」と「講義」の性格

「講義」が掲載された「會報」と「我か子」は、一九二三(大正一二)年五月一四日に設立された日本少年保護協会の大阪・京都・兵庫支部の機関誌である。

日本少年保護協会は、山岡萬之助に次いで第二代目の司法省保護課長を務めた宮城長五郎の主導により、一九二三(大正一二)年五月一四日に設立された。大阪・京都・兵庫支部は東京支部(一九二五(大正一四)年七月一八日)に先んじ、一九二五(大正一四)年五月三〇日に設けられ、一九二八(昭和三)年二月一〇日に財団法人設立が許可されている。しかし、それから一一年後の一九三九(昭和一一)年九月、司法保護事業法の施行により、輔成會、昭徳會と一本化される形で、財団法人司法保護協会への「發展的解消」として、解散した[19]。「會報」と「我か子」も、これと命運を共にし、発刊の後、他支部の機関誌との統合を経て、廃刊を迎えている。

「會報」は、一九二五(大正一四)年から一九二八(昭和三)年まで、その後継誌である「我か子」は、一九二九（昭和四）年から一九三五（昭和一〇）年まで刊行されている。発刊当時大阪少年審判所長の席にあった古谷新太郎は、その名の由来を次のように説明している。

本誌の題號に付ても、幹事諸氏は種々熟議の上『我か子』と決定したのであるが、古き俳句に『我子なら ともにはつれじ、雪の朝』と云ふのがある。我雜誌の題號は、此意味に於ける『我が子』である。『子を視ること親に如かず』と云ふ古諺もある。保護少年を我子と思ひ勞はるところに、保護少年を識るの明が生れる。所謂理解が出來る[20]。

もっとも、「我か子」の一巻一号から一二号（一九二九（昭和四）年）は、日本少年保護協会大阪支部のみが発行元とされたのであった。大阪・京都・兵庫支部発行とされたのは二巻一号（一九三〇（昭五）年）からである。「會報」の廃刊と「我か子」の創刊、そして当初「我か子」の発行元が大阪支部のみとされたことにまつわる事情につき、当時日本少年保護協会の大阪支部長でもあった古谷は、次のように記している。

元來此の雜誌は、財團法人たる日本少年保護協會の機關雜誌とは言ふものゝ、事實に於ては、大阪少年審判所の機關雜誌である、從つて其の編輯は同少年審判所管内に於ける保護協會の各支部が協同して其の任に當るべき筈のものである。から嘗は會報と云ふ題目を以つて、三支部合同で發刊して居たのであるが、其後東京に於ける本部より、東西兩審判所の爲めに、即ち少年保護協會の各支部の共通的機關雜誌を發刊すると言ふことであつたから、それなれば關西の支部のみの會報を出す要もあるまいと言ふことで、永らく繼續して來た會報を廃刊することに決定したのである。ところが其内に保護協會の會長が替はられた爲であるか、其他の理由に因ることか、何れか判からぬが、本部から機關雜誌を發刊する事は、結局實現しなくなつてしまふた、少なくとも近き將來に於て實現はしない樣になつたので、そんな事なれば、會報は廢刊するのでは無かつたが……と思ふと同時に前の會報の復活を圖つてみ度くなつた。然かし京都支部には、或る特殊の事情があつて、會報の再刊を承諾されない事が殆ど確《(ママ)》的に判かつて居た。そこで同支部を除外し、大阪と兵庫との兩支部だけが、聯合して、會報を編輯するのも變なものである、特に會報の起源は曩に兵庫支部が美《(ママ)》事な謄寫版刷で、出版した事もある位であるから同支部は若し其要を感ずれば、又往年の如き擧に出るべしとも思はれたから、時分は大阪支部の幹事會に諮りたる末、同支部だけで、新機關雜誌『我か子』を發刊したのである。

然し發刊の趣旨は矢張り前の會報の通り、三支部共通の機關雜誌を、我大阪支部の費用を以つて調製《(ママ)》するに在つたから、他の兩支部へは毎號相當部數を寄贈する樣にしたのである。さればこそ兩支部長を始めとし、兩支部の會員諸君に、寄稿を仰ぎ之を登載して配付して居た次第である、決して他の兩支部を出抜きて大阪支部が功名を專にせんとする樣な、野心的計劃をなしたる譯ではない。そんな事を今更辯明する必要もない様ではあるが、今回三支部合同に際して、我大阪支部の行動を非難する人もある様に承知したので、其人との諒解を得る爲めに、一言を費して置く。

（略）

独逸には Eintracht Macht den Macht（一致は力を作る）と言ふ格言がある。

三支部の合同が確定したる以後は本誌の勢力は、期して待つべきであると信ずる[21]。

日本少年保護協会の本部と支部との関係、大阪・京都・兵庫の各支部間の関係にいささか複雑な事情を抱えながらも船出を果たした「我か子」は、「徳風」および「中部日本少年保護」と実質的に統合される形で、一九三五（昭和一〇）年に終刊を迎えている。「徳風」[22]とは、一九三〇（昭和五）年から一九三五（昭和一〇）年まで刊行された日本少年保護協会東京支部の、「中部日本少年保護」とは、一九三三（昭和八）年から一九三五（昭和一〇）年まで発刊された同協会愛知支部の機関誌である。この三誌を実質的に統合した上で創刊されたのが、「少年保護」であった。三誌が実質的に統合された理由は、「本部で統一し、少年保護の権威ある代表的雑誌を發行することが経費、勞力、普及力、内容等に於て効果が多い」[23]と考えられたことにある。もっとも、この合理化の狙いは、「支部の貧弱なる豫算の内に於て發刊するため經濟上の困難」[24]の解消にのみあったわけではない。その主たる目的は、旧少年法の全国施行の推進力を大きく得ることにこそあった[25]。そして、この少年法の全国施行は、官民協力で設立されたはずの日本少年保護協会による事業をも含めて、少年保護（制度）の中央集権化、そして国家（主義）化の過程と重なり合うものであった、といえる。「徳風」の最終号の扉に記された「『徳風』第六号第十一號に題す」との文章、そして当時司法省保護課長であった森山武市郎が「少年保護」誌の創刊号に寄せた「創刊の辭」は、このことを強く示唆する。長くなるが、引用しておく（強調傍点引用者）。

云ふ迄もなく『徳風』は財團法人日本少年保護協會東京支部の一機關誌たるに過ぎないのである。少年保護の事業は一支部の事業であらうはずはもとよりないのであつて、廣き日本全部の問題である。即ち會員の制度を論ずると、東京支部の會員ではなくて日本少年保護協會の會員である故は蓋し此處に存する。

今や全國少年保護網の完成は焦眉の急を告げてゐるのである。その會員の陶冶連絡の事も、事業の完璧を期する事も凡て一支部の行動より進で本部の否全日本的のものである事が先決であると思ふ。

來る新春より『徳風』の代りに此の目的を過分に藏して本部より機關誌が刊行されるはこびとなつた[26]。

（略）少年法布かれて既に十三年、しかもその施行區域は僅かに三府五縣にとゞまり、爾餘の全地域に對する休息なる實施は先覺の士の聲を大にして叫ぶ所なるにも拘わらず、且又少年の不良行為乃至犯罪事件は逐年增加の傾向を示してゐるにも拘らず、一般國民は恰も對岸の火災の如く拱手傍觀し、敢て措置對策を講じようとはしない。鼓を鳴らしてこれを警醒し、少年不良化防止のための全國的共同戰線を成就することは、まさに少年保護に關心を有する者に與へられた刻下の課題である。

わが財團法人日本保護協會は、創立以来、少年法に依る少年保護事業の改良發達の爲めに、不斷の努力を捧げて來たのであるが、現下の狀勢は、本會の活動を要請すること愈ゝ緊切なるものがある。全國朝野の識者に呼びかけてその協働を求め、少年保護思想の普及徹底、少年保護事業の擴大强化を速かに招來することは、吾等に課せられた當面の任務でなければならぬ。本會においては、從來、東京支部より機關誌『德風』、大阪京都兵庫三支部より『我か子』、愛知支部より『中部日本少年保護』を發行し、何れも健全なる成長をつゞけ、夫々の地方における少年保護事業の發達の爲めに少からぬ貢献を爲し來つたのであるが、局地的分立刊行に伴ふ自然の結果として、少年保護思想の全國的普及、少年保護施設の全國的普遍化の要望に對しては、これに恰適し得ぬ憾みを生ずるに至つた。茲に從來の分立刊行の形態を揚棄して、綜合的形態における機關誌として本誌『少年保護』を創刊し、時勢の要求に對應することゝなつたのである。少年保護の精神を社會各層に普及徹底せしめて之を肅正し、各家庭に浸潤せしめて之を浄化し、更に少年保護事業に對する協働意識を釀成し施設の擴大强化を促進し、以て正善と仁慈との光被を招來することは、わが『少年保護』が自ら負はんとする使命である[27]。

それに対し、「我か子」最終号の「扉の言葉」は、こうした高揚とはやや対照的に、「惜別」や「寂寥」の語を用いながら、抑制的に次のように言葉を紡いでいる。

日本少年保護協会京阪神支部發行の機關誌なる本誌も、創刊以来本號を以て八十四號を數へ、堅實な成長を遂げいさゝか斬業の發達に寄與した次第であつたが、年改まる共に、東都の本部に於て總括的な樣關（ママ）誌發行の計畫となり、茲に姿をかへて誌友會諸賢に見參することに決つた。思へば惜別の念にかられもするが、事業發展の過程よりいへば必然のことであり、慶賀すべきである。

我が大阪少年審判所に於ても、永田所長が御勇退となり、寂寥の感に堪えなかつたものであるが、新たに阪本所長の御就任があり、輝かしい第一歩をふみ出すことになつたことは慶祝の至りである[28]。

「我か子」の終刊は、永田三郎の大阪少年審判所長退任とほぼ時期を同じくしている。「徳風」や「少年保護」と歩調を合わせて用いられている「慶賀」、「慶祝」の語と、「惜別」、「寂寥」の文字との対照性、そして後に第四代目の東京少年審判所長（一九三七（昭和一二）年九月～一九三八（昭和一三）年三月）をも務めることになる阪本不二男の第四代目大阪少年審判所長（一九三五（昭和一〇）年一月～一九三七（昭和一二）年九月）着任と永田三郎の退任とのコントラストが象徴しているものは、地域性をもっていた少年保護事業と少年審判（所）運営の中央集権化と国家（主義）化への転換であったといえる。

以上にみたところからも示唆されるように、「會報」と「我か子」が刊行された一九二五（大正一四）年から一九三五（昭和一〇）年までというのは、旧少年法施行直後から実務上の試行錯誤が各地方において積み重ねられた一〇年間である。また、少年法の全国施行が達成されておらず、なおかつ軍靴の音が徐々に近づきながらも戦時体制下には入っていなかった時期にもあたる。「會報」・「我か子」、「徳風」、「中部日本少年保護」といった日本少年保護協会各支部の機関誌を分析する意義は、まずこの時代性に認められる。

「會報」と「我か子」は、「徳風」および「中部日本少年保護」と比較して、「審判所便り」、「支部便り」、「雑記」といった記事を充実させており、当時の少年審判所の運営をこと細やかに伝えている点に、大きな特徴をもっている[29]。にもかかわらず、前期の少年保護思想や少年司法運営を分析する際の必須の資料として従前の少年法（の運用に関する）研究においても比較的頻繁に用いられてきた「少年保護」や部分的に用いられてきた「徳風」とは対照的に、「會報」と「我か子」、そして「中部日本少年保護」は、これまでの研究でほとんど用いられておらず、その存在自体が忘却されていた可能性が高い。「會報」と「我か子」は、旧少年法施行当初の時期における少年司法運営の試行錯誤、そして関東や中部と比較した場合の地域差と関西地方における運営の特徴を分析するにあたって、不可欠な資料ということができる。

4　永田三郎「少年法講義」の特徴と意義

(1)形式面の特徴

以上のことを踏まえて、「講義」の特徴を確認しておく。「講義」は、新しい法制度を前にして実務上の格闘と試行錯誤が徐々に積み重ねられ始め、なおかつ戦時体制にも入っていなかった時期に、旧少年法施行直後から、九年間にわたり、日本少年保護協会大阪、京都、兵庫支部の機関誌に連載された論攷である。加えて、旧少年法施行当初から大阪少年審判所において、審判官および少年審判所長として、自ら少年審判の運営に従事した者の手による論攷、ということになる。

その意義は、これまでの法学領域における旧少年法に関する研究で用いられてきた資料と対照させれば、一層鮮明になるであろう。今日まで蓄積されてきた旧少年法に関する研究[30]において用いられてきたのは、起草作業において多大な貢献を果たした谷田三郎や、司法省司法大臣官房保護課[31]の第二代目課長の席にあり、後に司法大臣となった宮城長五郎、そして戦中期に第八代目の司法保護課長を務めた森山武市郎が残した論攷である。代表的なものを挙げれば、制定作業にかかわる諸草案や会議録[32]のほか、谷田三郎「少年法に就て」監獄協会雑誌三三巻一〇号(一九二〇年)〜三四巻四号(一九二一年)(全六回)、法曹記事三〇巻一一号(一九二〇年)〜三一巻四号(一九二一年)に連載された同名の論攷(全五回)、宮城長五郎「少年法釈義」輔成会会報一〇巻二号(一九二九年)〜一三巻一二号(一九二九年)(全三一回)、同「樂屋噺少年法實施秘譚 反古の見直し」保護時報二〇巻六号〜一〇号(一九三六年)(全五回)、そして「新法学全集」の第二〇巻として出版された森山武市郎による『少年法』(日本評論社、一九三八年)がある。また、運用面の分析にあたっては、司法保護協会『司法保護事業年鑑』の一九四〇(昭和一五)年版と一九三八=一九三九(昭和一三=一四)年版が用いられてきた。

「講義」は、従前の研究と資料にみられる時間と人にかかわる空隙を埋める可能性をもつ。時間とは、旧少年法の制定過程および施行直後の時期と戦中期の中間に位置する時期である。人とは、少年審判(所)の運営を実際に現場で担った者である。前者は、旧少年法下の運用や旧少年法の理解が果たして戦前・戦中期を通して一様であったのか、そうでなかったとすればどの点においてなのか、そこで作用したのはどのような事情なのかという問題と密接にかかわっている。後者は、これまでの研究において焦点があてられてきた司法省司法大臣官房保護課などにおいて要職を占めた人物が、実際に少年審判官として審判運営にあたっていたわけではないということを考えるとき、一層重要である。戦後の少年法理論や少年保護思想、さらにはそれに関する研究が、実際に少年審判の運営にあたった裁判実務家を中心として実践を踏まえて深められ、また発展させられてきたことに鑑みれば、連続と断絶のどちらを語るにせよ、戦前と戦後の関係を論じる際にこの空隙を埋める必要性は高い。事実、「講義」の目次を宮城長五郎「少年法釈義」や森山武市郎『少年法』のそれと比較するだけでも、「講義」が、手続面に強く光をあて、実際の少年審判運営にあたり重要となる事柄を論じていることに気づかされるのである。「講義」は、実際に少年審判に従事した司法官の法的な関心はどこにあったのかを分析するための資料としても優れていると考えられる。

(2) 内容面の特徴

内容面でみた場合の「講義」の特徴は、法制度を所与のものとし、明文規定に拠りつつ、法を形式的に理解した場合に生じうる不都合に現実的な手段でいかに対処するかを検討している点にある。具体的には、少年の権利主体性を形式上は否定する前提から出発し、それを少年審判所の後見的配慮で埋め合わせるという体裁をとりながらも、手続の公正さへの高い関心から少年側の事情をも視野に入れて制度の理解・運営のあり方を講じるという実務的な現実主義に立っている点に、「講義」の特徴がある。職権主義的審問構造や不服申立て、一事不再理、そして附添人といった制度の記述に、この特徴は顕著である。

具体的にみてみると、永田は、前提として、当時の多くの見解と同様に、少年法が少年の権利義務に関する規定を何ら規定していないという形式的な理由から、少年を少年法審判の客体ととらえるとともに、審判を訴訟の観念を容れないものとして把握している[33]。そうであったとしても「少年ノ利益ヲ擁護シ保護処分ヲ徹底セシムル」ために支障は出ない、というのが永田の主張である[34]。

しかし、こうした前提から出発しながらも、永田は、審判官の後見的配慮や保護処分の利益処分性に、問題のすべてを還元させたわけではなかった。この権利主体性の問題を手続構造の問題に関連づけて、永田は、次のような警句を発している。

審判ハ裁判ト全然其趣ヲ異ニシ訴訟ノ觀念ヲ容レサルカ故ニ勿論彈劾主義ニヨラス又糺問主義ニモヨラス然レ〼《ドモ》審判ノ主体トシテ審判官ノミヲ認メ少年ハ審判ノ目的客体タル点ニ於テハ外形上昔時ノ糺問主義ニ彷彿タルモノアルヘシ（本書四七頁〔講義⑤：六五頁〕）

この前提には、沿革からみて刑事訴訟手続が糾問主義から弾劾主義へと進んできているとの認識、そして、職権主義は審理の迅速化という利点をもっているものの、「裁判官ヲ獨斷專行ニ陷ラシムル」おそれがあり、「起訴防禦判斷」の資料を裁判官自らが収集しなければならないために裁判官の負担が重きにすぎ、「公平ナル裁判ヲ爲シ得サル」という欠点をもつ、との理解があった。旧少年法の規定ぶりから出発して少年の権利主体性を否定する形式的理解は、「糾問主義」を彷彿させる事態に至りうる。裁判とは異なり、弾劾主義や糾問主義の区分けがそのまま妥当するわけではないことを指摘しながらも、少年審判が糾問化する危険性をもっていることを明確に認識していた点に、永田の議論の特徴がある[35]。

少年審判が糾問主義に転化しやすいという問題意識は、「審判ニ適用セラルベキ原則」として挙げられている事項にも滲んでいる。すなわち「法文ニ何等規定ナシト雖少年法規定ノ趣旨立法ノ趣旨審判保護處分ノ性質等ニヨリ考察スル時」適用をみるべき主義として挙げられたのは、①「一事不再理ノ原則」、②「口頭審理主義」、③「直接審理主義」、④「秘密主義」、⑤「實体的眞實發見主義」、⑥「職權主義」であった（本書一一四～一二〇頁〔講義⑪：六九～七二頁〕）。②「口頭審理主義」や③「直接審理主義」の内容に関する説明自体は形式的なものにとどまっているものの、永田は、④「秘密主義」の前提となる説明において、裁判の公開主義は、「裁判ハ之ヲ公開シ裁判所及訴訟關係人ノ專横ヲ防クベシトノ見地ヨリ口頭審理主義直接審理主義等ト共ニ」（強調傍点引用者）歴史的に発展してきたものと説明している（本書一一八頁〔講義⑪：七二頁〕）。

法の形式に着目して少年に権利主体性までは認めないとの形式的な理解に拠りつつ糾問主義に堕することへの警戒と手続的な公正さへの関心を示している「講義」にみられる二面性の試金石となっているのは、不服申立てと一事不再理、そして附添人という各論的な問題に関する記述であろう。

周知の通り、旧少年法は抗告などの不服申立てを制度化していなかった。立法時にその理由とされたのは、少年審判所の決定に関して裁判所への抗告を認めれば「木ニ竹ヲ接イダヤウナモノ」となること、そして「少年裁〔審〕判所ト云フ如キ機關ヲ設ケタ所以ハ〔、〕少年ノ事柄ハ特別ノ智識經驗ヲ有スルモノデナケレバ、適當ニ又眞實ニ公平ニ處置ヲスルコトハ出來ナイ」というものであり、「普通ノ權利義務ト云フ觀念ハ避ケテシマッテ、溫情ニ信頼スルト云フコトヲ主義ト致シマシテ、不服ノ途ヲ設ケナカッタ」[36]ということであった。「講義」には、この説明に沿う形で、保護処分は善導愛護を行い悪癖などを矯正することで一族故旧を安心させ、社会を浄化し、福利を増進することを目的としており、個々の事例でたまたま権利を侵害することがあったとしても一部の犠牲を甘受するというのが立法時の考えであるとの記述がある。しかし、その際「講義」が同時に強調しているのは、保護処分決定に不服がある場合には、保護処分継続中の取消し・変更制度を活用する方策があることのほか、嘆願・請願・陳情などの名目で救済の申出を行う可能性があるということであった(本書一六一〜一六三頁、一八二〜一八四頁(講義⑰:四五〜四六頁、㉑:五四〜五五頁))。

ここでは、帝国議会における説明を継承する形で、保護処分の事後的な取消し・変更に着目して少年審判所の側が後見的に配慮を行うという方策のほか、少年側が嘆願・請願・陳情を利用する方途が指摘されている。少年の権利主体性を否定して、少年審判所が後見的配慮を行うという枠組みを前提としながらも少年側の事情に目を向けるという現実主義的な思考が、ここにみられる。同様の思考は、一事不再理と附添人に関する記述にもみられる。

一事不再理(類似効)に関して、旧少年法は、保護処分を受けた少年に対して、審判を経た事件またはこれよりも軽い刑にあたるべき事件で処分前に犯したものにつき刑事訴追を行うことができないことを定めた規定を置いていた(六三条)。しかし、この規定は、同一事件の再審判の遮断まで明文で求めるものではなかった。「講義」は、刑事政策的理由から設けられたと考えられるこの規定形式の下で、「少年並ニ關係人ヲシテ不安ノ念ヲ懷カシム」ことを起点として、二つの国家意思発動が矛盾する不合理性と保護処分の効果が減却することを理由に、再審判の遮断も「勿論解釋」として承認している（本書一一四〜一一六、一七八〜一七九頁〔講義⑪：六九〜七〇頁、⑳：四九〜五〇頁〕）。

附添人制度の意義に関し、民事の法定代理人や保佐人、補佐人とは違っていることや、少年審判は少年を被告人の地位に立たせるものではないことを強調しながらも、防禦や雪冤の問題にも触れる説明を行っていることにも、少年側の事情に目を向ける同様の思考を窺うことができる（本書七二頁〔講義⑦：二九頁〕）。

5　少年審判官たちの論攷の可能性

以上に瞥見した手続の公正さや少年側の事情への着目は、法制度を所与の前提としつつ、法の現実を目の当たりにせざるをえない実務家としての現実主義的思考とバランス感覚の所産であったといえるかもしれない。

少年審判官として実務にあたっていた者に、保護処分の整備などの実体的問題にとどまらず、手続のあり方や公正さへの関心もが存在していたのではないかということに十分な注意が向けられてこなかったのは、これまで中心的な分析対象とされてきたのが司法省保護課長の席にあった者の論攷であったことと、無関係ではないであろう[37]。旧少年法に明文規定のなかった「不処分」決定の扱いが実務上小さからぬ問題になっていたこと、そしてそれに対処するための運用上の工夫を伝えている内丸廉による論攷[38]や、処分決定にあたっての公正さへの留意をうながしている齋藤法雄の論攷[39]は、「講義」で永田が示した思考が当時の少年審判官たちの間で例外的な存在ではなかった可能性を示唆している。

「講義」のほかにも、少年審判官たちが残した論攷は少なくない。旧少年法を概説したものとして、第二代目の東京審判所長を務めた植田粂三郎は、少年保護協会東京支部公刊の『愛護の栞(第一輯)』(少年保護協会東京支部、一九二六年)に「はしがき」を寄せたほか、少年保護婦人協会編『少年保護の法理と實際』(刀江書院、一九二八年)に収められた「少年法の大綱」を著している。植田の後任として東京少年審判所長の席を襲った鈴木賀一郎は、『第四回大谷派 少年保護事業講習会講演集』(眞宗大谷派宗務所社會課、一九三三年)に「少年審判の實際」を寄せたほか、「少年法概説」を『子の爲めに泣く』(章華社、一九三四年)の附録として著している。また、旧少年法公布一〇周年記念として刊行された『少年保護講習會演説集』(日本少年保護協会大阪支部、一九三二年)には、第二代目の大阪少年審判所長であった古谷新太郎が「少年法の概念」を、辻三省が「少年審判所の實際」を寄せている。事例紹介を通じて少年審判からみえる社会の風景を伝えたものも多く、鈴木には、『不良少年の研究』(大燈閣、一九二三年)、防犯科学全集に収められた『少年少女犯篇 女性犯篇』(中央公論社、一九三五年)、『不良青少年の經路』(文部省社會教育局、一九三六年)、『子供の保護』(刀江書院、一九三六年)などが、また、古谷には『十字路に立つ少年』(教學相長社、一九二九年)と『あゝ少年』(教學相長社、一九三二年)が[40]、辻には、ツジサンセイの名で「保護少年を語る」と題する「我か子」での連載[41]がある。

少年法適用年齢の引き上げや少年審判機関(家庭裁判所、少年審判所)先議主義などの制度面も含めて、現行法は、旧少年法下における少年審判官たちの実務経験を踏まえた立法論の地層の上にあると考えられる部分も少なくない[42]。現行法との連続を語るにしろ、断絶を論じるにしろ、少年審判官たちの論攷の分析を進めることは、今後、避けて通ることができない作業になるであろう。

1 連載は、第二回目が二段組になっており、全体を通して同じレイアウトになっているわけではない。

2 本「講義」では、各項目の記述が各々の回に収まっているわけではなく、回を跨いでいることも少なくない。また、形式上も、「本論」中「編」の構成が「第一編」で終わっていたりするなど、全体の体裁が整えられていないところが散見され、本文には表記が統一されていない箇所も見られる。しかし、本書において目次および本文に手を加えることは、あえてしなかった。

3 東京帝國大学『東京帝國大学卒業生氏名錄』(東京帝國大学、一九三九年)二七頁には、「法律學科(佛蘭西法兼修)」の「明治三十八年七月卒業」の欄に「永田三郎　群馬」の名を見ることができる。

4 一九二三(大正一二)年に少年審判所が設けられた際、東京と大阪で各々四名の少年審判官が任命されたことはよく知られている。東京少年審判所が、三井久次、鈴木賀一郎、山森平成、内丸廉であり、大阪少年審判所が、吉村友次郎、古谷新太郎、永田三郎、古岩井久平である。「時の当局の意向で、東京、大阪ともにクリスチャンが一人ずつ少年審判官に任命された」(「少年審判官三井久次」罪と罰三五巻一号〔一九九七年〕四八頁）との指摘もある。この指摘が本当であるとすれば、三井久次と古谷新太郎がこれにあたる。

5 永田三郎の経歴に関しては、帝國法曹大觀編纂會『帝國法曹大觀』（帝國法曹大觀編纂會、一九一五年）四〇三頁、同『改訂増補 帝國法曹大觀』（同、一九二一年）三三八頁、同『改訂三版 帝國法曹大觀』（同、一九二九年）一一四四頁、を参照。「我か子」六巻二号（一九三四年）三八頁の「雑報　大阪少年審判所だより」は、「一月二十五日」の出来事として、「大阪少年審判所長古谷新太郎氏は豫て退官願出中の處本日付依願免本官の辭令に接せらる同氏は神戸市に於て今後公證人として活躍せらるゝ豫定なり」と記しており、六巻三号（一九三四年）四三頁の「雑報」は、「二月一日」の日付で「永田所長は森本主任書記を従へ市内關係各官公衙に新任挨拶のため歴訪せらる」と記載している。前任者である古谷新太郎は、自らの退職について、次のように記している。「私が退官するに就ては實際後髪を曳かれる感があつた。創業時代の諸困難を征服して、少年保護事業の基礎を定め之から内容を改善し充實を謀らねばならぬと思ひ、彼此と計劃を繞らし、實行に着手いしてゐる間に、齡既に老境に入り、後進の士に敬意を表して途を讓るべき時期が到達した[。]少年審判官には判事や檢事の如き定年制はないから急いで退官するにも及ばないとは思ふたが、私の如き鈍物が永く要職に在る事は邦家の爲に宜敷くないと思ふたから、神戸の公證人中役場を讓り度いと其筋へ申出たる人のあつたのを幸と考へて轉職を出願し、少年保護には全く縁のない公證人になり下がつたのである」（古谷新太郎「大阪少年審判所回顧録」社会事業研究二三巻一〇号（一九三五年）一九五頁。角括弧内は引用者が補充）。古谷の大阪少年審判所長就任は一九二六（大正一五）年三月であったから、八年近くもの間、少年審判所長の席にあったことになる。

6 古岩井久平「永田先生を送る」我か子七巻一二号（一九三五年）二～三頁。

7 確認できた範囲では、一九四〇（昭和一五年）三月三一日（日）付の大阪毎日新聞（朝刊）五頁と、同日付の大阪朝日新聞（夕刊）二頁が、永田三郎の訃報を報じている。その際、享年は数え年で六七歳と伝えられている。

また、同日付の大阪毎日新聞（朝刊）一〇頁と大阪朝日新聞（朝刊）一〇頁には、「嗣子 永田稔、親族一同、友人総代 前澤幸次郎、角谷榮次郎、辻三省」の名で、次のような死亡広告文が掲載されている。「從四位勲四等元大阪少年審判所長退職檢事父三郎儀豫而病氣療養中之處藥石效無ク三月二十九日死亡致候間生前ノ御厚誼ヲ拜謝シ此段謹告仕候／追而四月一日午後二時ヨリ三時迄自宅ニ於テ佛式ニヨリ告別式相營ミ申候　尚故人ノ意志ニヨリ 御香奠供花ノ儀ハ一切御辭退申上候」。永田の長男、稔は、少年保護司として活動したほか、矯正院でも勤務の経験をもったようである。前澤幸次郎は、永田と同じ一八七四（明治七）年生まれで、大津地方裁判所長、大審院判事、大阪地方裁判所長などを歴任した人物である。また、角谷榮次郎は、一八七五（明治八）年に生まれ、大阪控訴院検事などを務めた。辻三省は、一八七四（明治二九）年に生まれ、大阪地方裁判所判事などを務めた後、一九二七（昭二）年に大阪少年審判所判事となった後、一九四〇（昭一五）年に福岡少年審判所長の席を占めた人物である。

8 「御挨拶」我か子六巻三号（一九三四年）二頁、「谷田院長閣下ヲ送ル」同六巻九号（一九三四年）、「年頭の辞」同七巻一号（一九三五年）二〜三頁。

9 古岩井・前掲註（五）三頁。松井善一「全國支部の活動史 大阪少年審判所管内 大阪、京都、兵庫」少年保護四巻一二号（一九三九年）四二頁によれば、日本少年保護協會の大阪支部長は、大阪少年審判所長の職に在る者が務めるものとされていた。また、同四七頁によれば、一九三六（昭和一一年）八月からは当時の大阪少年審判所長、阪元不二男が大阪・京都・兵庫の三支部長を兼務することとなった。

10 この書は、十分に解明が進んでいるとはいい難い旧少年法下の囑託少年保護司の活動を分析する際にも、重要な資料になりうる内容をもっている。

11 「雑報　大阪少年審判所だより」我か子六巻三号（一九三四年）四三頁。なお、「若松會」とは大阪少年審判所の職員による組織され、少年審判所運営に関係する意思決定を行う会であったようである。「若松會」に関して、「大阪少年審判所たより」我か子一巻一号（一九二九年）二〇～二一頁は、一一月の記録として、「職員會は二十二日午後一時半より會議室で開かれ、從前の弔慰金、喜捨金を廢し、若松會を創設し、廳員の親睦囑託保護司の弔慰、保護少年の救濟等に充つる事に決議し、是等費用は廳員の俸給より支出する事に致しました」と記している。

12 東京朝日新聞一九三四（昭和九）年二月二四日（土）付朝刊一一頁。

13 読売新聞一九三四（昭和九）年三月四日（日）付朝刊七頁。

14 古岩井・前掲註（六）三頁。

15 永田三郎「御挨拶」我か子六巻三号（一九三四年）二頁。

16 「扉の言葉」我か子六巻七号（一九三四年）。

17 「雑報」我か子七巻八号（一九三五年）三八頁。

18 辻三省「少年法の精神と少年審判所の活動」少年保護六巻四号（一九四一年）七頁。

19 石井謹爾「全國支部の活動史　東京少年審判所管内　東京、神奈川、埼玉、千葉」少年保護四巻一二号（臨時増刊・協会解散記念特輯号）（一九三九年）三四頁、松井善一「全國支部の活動史　大阪少年審判所管内　大阪、京都、兵庫」同四二頁。日本少年保護協会の設立が宮城長五郎の考えによったものであったことについては、石井謹爾「財団法人日本保護協會活動史」少年保護四巻一二号（臨時増刊・協会解散記念特輯号）（一九三九年）七頁などにより、よく知られている。同協会の設立にまつわる諸事情については、宮城長五郎「少年保護協會並帝國更新會の設立　反古の見直し（三）」保護時報二〇巻八号（一九三六年）三三～三九頁で回顧されている。

20 古谷新太郎「挨拶」我か子一巻一号（一九二九年）二頁。

21 古谷新太郎「挨拶」我か子二巻一号（一九三〇年）。

22 発刊当時の「徳風」を回顧するものとして、望月辨修「徳風の回顧」日本少年保護協会東京支部『東京少年審判

所十年史』(日本少年保護協会東京支部、一九三五年)三五七～三六一頁を参照。

23 前田偉男「少年保護の回顧」法曹会雑誌一五巻一〇号(一九三七年)一九四頁、石井・前掲註(一九)一〇頁。

24 石井・前掲註(一九)一〇頁。もっとも、石井は、同時に、「各支部に於て夫々の歴史と特色を有してはゐたが、本部に於て統一して、少年保護の雑誌として權威ある代表的雑誌たらしめることが、單に經費の上のみならず、勞力も省け、内容も充實し、普及力も强化される」(強調傍点引用者)ことも併せて指摘している。

25 予算上の理由から、旧少年法の施行当初、少年審判所が設置されたのは東京と大阪に限定され、その管轄も東京・神奈川と大阪・京都・兵庫の三府二県にとどまったことは、よく知られている。名古屋少年審判所が新設され、愛知・三重・岐阜の三県が管轄に収められたのは、それから一二年を経た一九三四(昭和九)年一月のことであった。日本少年保護協会愛知支部は、その前年に結成され、「中部日本少年保護」を刊行していたことになる。「我か子」、「徳風」、「中部日本少年保護」が統合された翌年にあたる一九三六(昭和一一)年一一月に、千葉と埼玉が東京少年審判所の管轄に入り、一九三八(昭和一三)年一月には、福岡少年審判所が新設され、福岡・佐賀・長崎・熊本を管轄に収めた。その後、一九四一(昭和一六)年二月に広島・岡山・山口・鳥取・島根・愛媛を管轄する広島少年審判所が新設されるとともに、東京少年審判所の管轄が茨城・群馬・栃木・山梨・静岡まで、また大阪少年審判所のそれが奈良・滋賀・和歌山まで拡張された。翌一九四二(昭和一七)年一月には仙台少年審判所と札幌少年審判所が新設され、それぞれ宮城・福島・山形・岩手・秋田・青森と、北海道・樺太を管轄することで、控訴審所在地への少年審判所の設置が完了し、「全国施行」とされた。森山武市郎「保護處分全國実施實施に際して」少年保護七巻一号(一九四二年)七頁、同「少年保護制度の現状と若干の問題」更生問題二六巻四号(一九四二年)四三～四四頁、「司法保護中央機構變史」少年保護八巻一二号(一九四三年)一〇〇～一一四頁を参照。

26 「『徳風』第六号第十一號に題す」徳風六巻一一号(一九三五年)三頁。

27 森山武市郎「創刊の辭」少年保護一巻一号（一九三六年）二〜三頁。

28 「扉の言葉」我か子七巻一二号（一九三五年）。同じ最終号の「編輯餘録」にも、「本誌の廢刊によつて一抹寂寥の感がある時、少年保護事業の功勞者永田審判所長、佐々木保護司のご勇退と森本氏の東京へのご榮轉はさらに憂鬱ならしめるものがあつた」と記されている。

29 この点は、この機関誌の編集方針によっているのかもしれない。古谷・前掲註（二二）は、次のように述べている。「寄稿の種類は、論説、實驗談、審判所に對する意見、何れでも歡迎する。特に保護少年、若しくは、嘗て保護少年たりし者の消息、音信などは我々審判官にも、保護司にも多大の參考資料となり、精神的の報酬となるものであるから、有のまゝの事實を、簡單で宜しいから、是非寄稿して戴きたいのである」。少年審判所運営にかかわる事項を詳らかに会員に伝えようとする努力がみられることも、同じ精神に根ざしていたといえよう。

30 その代表的なものとして、守屋克彦『少年の非行と教育』（勁草書房、一九七七年）、森田明『少年法の歴史的展開』（信山社、二〇〇五年）を特に参照。

31 司法省司法大臣官房保護課は、一九二〇（大正九）年一二月二七日に設置され、一九四〇（昭和一五）年一一月三〇日に保護局となった。

32 森田明編『日本立法資料全集一八 大正少年法（上）』（信山社、一九九三年）、同『日本立法資料全集一九 大正少年法（下）』（信山社、一九九四年）は、その多くを収める貴重な資料集である。

33 永田は、「少年法ハ審判ノ遂行上少年ノ權利義務ニ付キ何等規定スル所ナシ何トナレバ（略）少年ハ審判ノ目的客體ニシテ審判ノ主體ニアラズ審判ハ訴訟ノ觀念ヲ容レズ從テ主體トシテノ權利義務ヲ規定セザルモ少年ノ利益ヲ擁護シ保護處分ヲ徹底セシムルニ於テ毫モ支障ナシト認メタレバナリ」（本書五一頁〔講義⑥：三八頁〕という。

34 「刑事政策ニ立脚セル少年法ニ於テハ刑罰ヲ以テ之ニ望ムヨリモ寧ロ少年ニ矯正教養ヲ施シ以テ國家社會ノ改善福利ヲ圖ラントシテ審判ヲ爲シ保護處分ヲ加ヘシメタルモノナルヲ以テ更ニ之ニ刑罰ヲ加フルヲ得ザラシムルニアラザレバ保護處分ノ目的ヲ達成スルヲ得ザルガ故ニ少年法ハ之ニ對スル刑事訴追ヲ排除シタルモノナリ」（本書一七八頁〔講義⑳：四九頁〕）。ここには、刑罰に代えて保護処分を科すという刑事政策上の考慮を土台に少年司法制度が存立しており、刑事訴追を排除する形で保護処分を徹底するのがこの制度であるという理解が示されている。

35 立憲主義的観点からの自由権的権利に軸足を置いた議論は、帝国議会での旧少年法案に関する審議において、弁護士資格をもつ議員たちよっても展開されている。森田明『少年法の歴史的展開』（信山社、二〇〇五年）一七七〜一九七頁を特に参照。しかし、こうした危険性が少年審判官たちに認識されていたことは、これまであまり意識されてこなかったといえる。

36 森田明編『日本立法資料全集一九　大正少年法（下）』（信山社、一九九四年）六六七〜六六九頁。これは、第四三回帝国議会における衆議院の「少年法案外一件委員会」第三回会議（一九二〇（大九）年七月一三日）における北井波治目の質問に対する谷田三郎の回答である。北井の質問の要諦は、審判官がいかに老練でも間違いがないとは考えられないことから、本人や保護者・附添人に処分の取消しを求める規定が必要ではないか、という点にあった。元来少年法は特別法なのであるから、ある審判官が行った審判に誤りがあれば、別の審判官に審判させる制度や別の少年審判所で審判を行わせるといった特別の規定を設ければよいのではないかという永屋茂の主張に対しても、谷田は、再審なども一案ではないかと考えたものの、「主トシテ法制ノ立法ガ六ヶ敷イ、組織ガ六ヶ敷イト云フノデ、寧ロ主トシテ少年審判官、少年審判所ニ信頼スル、是ガ主タル法案ノ趣旨デゴザイマスカラ、其方ノ理由デサウ云フ不服トカ何トカ云フヤウナ権利義務ノ事ニシナイト云フコトガ主タル理由デアリマシテ、不服ノ途ノ事ハ打切リニシタ次第デアリマス」と述べている。同六六九〜

六七〇頁。その代わりにやや強調して説明されているのが、少年裁判所は保護処分の継続中にいつでもこれを取り消すことができるということであった。同六四七頁。

37　例えば、先に触れた宮城長五郎の「少年法釈義」は、そのほぼすべてが実体的問題に関する記述で埋められており、手続的問題についての記述はみられない。

38　内丸廉「審判の開始について（上）（下）」少年保護一巻一号（一九三六年）三四～四六頁、三号（一九三六年）一九～二八頁。

39　齋藤法雄「少年審判制度論」少年保護六巻三号（一九四一年）四二～五一頁。

40　古谷は、約八年もの期間大阪少年審判所長を務めたことから、「我か子」に各種協議会の結果や少年保護団体の紹介を紹介する貴重な記事を残している。公証人に転じた後に回顧として著された古谷・前掲註（五）は、少年審判官に任命された経緯や、少年保護団体、嘱託少年保護司、警察・地方長との関係など、当時の少年審判所運営に関する貴重な情報を提供している。

41　我か子五巻一二号（一九三三年）四二～四八頁、六巻二号（一九三四年）一四～二一頁、六巻四号（一九三四年）二二～二八頁、六巻五号（一九三四年）一四～一八頁、六巻七号（一九三四年）二九～三五頁。

42　例えば、鈴木賀一郎「少年審判所の展望」日本少年保護協会東京支部『東京少年審判所十年史』（日本少年保護協会東京支部、一九三五年）二九八頁、同『子供の保護』（刀江書院、一九三六年）二三七頁は、旧少年法施行一〇年の経験を踏まえて、「少年審判所の増設」、「研究所の附置」、「職員養成所の設置」、「司法官試補制度の改正」、「少年の假出獄審査委員制度の設置」、「少年に關する出版物及映畫其他の興行物の檢閲」、「司法警察官との關係」の他、「廿五歳までの年齢の擴張及小事件は先つ第一に少年審判所に送致せしめて刑事處分に附すべきか保護處分に附すべきかの選擇權を少年審判官に附與すべきこと」を少年法の改正を希望する点として挙げている。少年法適用年齢の二〇歳までの引上げ要求が実務の現場においても根強かったことは、各回の『少

年審判所長 保護観察所長 矯正院長會同議事錄』(一九四二(昭和一七)年からは『少年審判所長 矯正院長會同』)からも確認することができる。この問題は、一九三八(昭一三)年一〇月開催の第七回会同(七頁)で協議事項とされており、一九四〇(昭一五)年五月開催の第九回会同(二九五～二九六頁)、一九四一(昭一六)年五月開催の第一〇回会同(一九頁、三〇頁、三〇〇頁)、一九四二(昭一七)年四月開催の第一二回会同(二〇頁、一九四頁)では司法大臣への答申にも含まれている。第一二回会同では、少年審判所先議主義を採用すべきことを求める意見も表明されている(六六頁)。同様の事柄は、泉二新熊「少年法の使命遂行」徳風八号(一九三四年)一六頁(泉二新熊「少年法の使命」輔成會『家庭と少年法』(輔成會、一九三五年)にも再録(三二頁))でも主張されており、遅くとも旧少年法施行後一〇年前後の時期には広く共有されていた意見であったことが窺われる。

解題者　あとがき

本「講義」の復刻にあたっては、実に多くの方にお世話になりました。

本書が底本として用いたのは、日本社会事業大学附属図書館に所蔵されている「會報」（マイクロフィッシュ版）および「我か子」です。貴重な資料の使用と複写、出版をお許し頂いた同図書館には、心から感謝申し上げます。また、「我か子」所収の論攷および各種記事の収集と複写にあたっては、大阪府立図書館のみなさまにも大変お世話になりました。厚くお礼を申し上げます。「講義」をはじめとする「會報」および「我か子」に掲載された記事の巻号頁数に関しては、『社会事業雑誌目次総覧 第一巻〜第五巻』（日本図書センター、一九九九年）が有益な情報を与えてくれました。また、本「講義」を復刻させるために不可欠であるにもかかわらず難航を極めた永田三郎の没年月日を確定させる際に貴重な手がかりを与えてくれたのは、『新聞に見る人物大事典 戦前編 第一巻〜第五巻』（大空社、一九九四年）でした。没年月日の調査の過程では、公益財団法人矯正協会 矯正図書館のみなさまにも大変お世話になりました。

本書は、活字を残された方々だけでなく、それを収集・保存・整理して下さっている方々の労多き作業の恩恵にあずかっています。これまで積み上げられてきた知的遺産と、それを残すことに心血を捧げてこられた方々に感謝と敬意を表するとともに、こうした知的遺産を守る文化が継承されていくことを心から願ってやみません。

本「講義」の学術的な意義を理解して下さり、煩雑な作業を伴う出版を快くお引き受け頂いた現代人文社の成澤壽信さん、そしてイレギュラーな作業を厭わずに献身的に編集を進めて下さった北井大輔さんにも、心からお礼を申し上げます。

【付録】

(旧)少年法(大正十一年法律第四十二號)

施行　大正十一年一月一日(大正十一年勅令第四八七號)
改正　昭和二十二年法律第一九五號・昭和二十二年法律二二三號

第一章　通則

第一條(少年の意義)

本法ニ於テ少年ト稱スルハ十八歳ニ滿タサル者ヲ謂フ

第二條(刑事處分)

少年ノ刑事處分ニ關スル事項ハ本法ニ定ムルモノノ外一般ノ例ニ依ル

第三條(軍人軍屬の除外)

本法ハ第七條、第八條、第十條乃至第十四條ノ規定ヲ除クノ外陸軍刑法第八條、第九條及海軍刑法第八條、第九條ニ掲ケタル者ニ之ヲ適用セス

第二章　保護處分

第四條(保護處分)

① 刑罰法令ニ觸ルル行爲ヲ爲シ又ハ刑罰法令ニ觸ルル行爲ヲ爲ス虞アル少年ニ對シテハ左ノ處分ヲ爲スコトヲ得

一　訓誡ヲ加フルコト

二　學校長ノ訓誡ニ委スルコト
三　書面ヲ以テ改心ノ誓約ヲ爲サシムルコト
四　條件ヲ附シテ保護者ニ引渡スコト
五　寺院、教會、保護團體又ハ適當ナル者ニ委託スルコト
六　少年保護司ノ觀察ニ付スルコト
七　感化院ニ送致スルコト
八　矯正院ニ送致スルコト
九　病院ニ送致又ハ委託スルコト

② 前項各號ノ處分ハ適宜併セテ之ヲ爲スコトヲ得

第五條（處分の繼續及び取消變更）

前條第一項第五號乃至第九號ノ處分ハ二十三歳ニ至ル迄其ノ執行ヲ繼續シ又ハ其ノ執行ノ繼續中何時ニテモ之ヲ取消シ若ハ變更スルコトヲ得

第六條（執行猶豫、假出獄中の保護）

① 少年ニシテ刑ノ執行猶豫ノ言渡ヲ受ケ又ハ假出獄ヲ許サレタル者ハ猶豫又ハ假出獄ノ期間内少年保護司ノ觀察ニ付ス

② 前項ノ場合ニ於テ必要アルトキハ第四條第一項第四號、第五號、第七號乃至第九號ノ處分ヲ爲スコトヲ得

③ 前項ノ規定ニ依リ第四條第一項第七號又ハ第八號ノ處分ヲ爲シタルトキハ其ノ執行ノ繼續中少年保護司ノ觀察ヲ停止ス

第三章　刑事處分

第七條（科刑の制限）

① 罪ヲ犯ス時十六歳ニ満タサル者ニハ死刑及無期刑ヲ科セス死刑又ハ無期刑ヲ以テ處斷スヘキトキハ十年以上十五年以下ニ於テ懲役又ハ禁錮ヲ科ス

② 刑法第七十三條、第七十五條又ハ第二百條ノ罪ヲ犯シタル者ニハ前項ノ規定ヲ適用セス

第八條（相對的不定期刑）

① 少年ニ對シ長期三年以上ノ有期ノ懲役又ハ禁錮ヲ以テ處斷スヘキトキハ其ノ刑ノ範圍内ニ於テ短期ト長期トヲ定メ之ヲ言渡ス但シ短期五年ヲ超ユル刑ヲ以テ處斷スヘキトキハ短期ヲ五年ニ短縮ス

② 前項ノ規定ニ依リ言渡スヘキ刑ノ短期ハ五年長期ハ十年ヲ超ユルコトヲ得ス

③ 刑ノ執行猶豫ノ言渡ヲ爲スヘキ場合ニハ前二項ノ規定ヲ適用セス

第九條（自由刑の執行）

① 懲役又ハ禁錮ノ言渡ヲ受ケタル少年ニ對シテハ特ニ設ケタル監獄又ハ監獄内ノ特ニ分界ヲ設ケタル場所ニ於テ其ノ刑ヲ執行ス

② 本人十八歳ニ達シタル後ト雖二十三歳ニ至ル迄ハ前項ノ規定ニ依リ執行ヲ繼續スルコトヲ得

第十條（假出獄の條件）

少年ニシテ懲役又ハ禁錮ノ言渡ヲ受ケタル者ニハ左ノ期間ヲ經過シタル後假出獄ヲ許スコトヲ得

一　無期刑ニ付テハ七年
二　第七條第一項ノ規定ニ依リ言渡シタル刑ニ付テハ三年
三　第八條第一項及第二項ノ規定ニ依リ言渡シタル刑ニ付テハ其ノ刑ノ短期ノ三分ノ一

第十一條（假出獄の期間）
①　少年ニシテ無期刑ノ言渡ヲ受ケタル者假出獄ヲ許サレタル後其ノ處分取消サルルコトナクシテ十年ヲ經過シタルトキハ刑ノ執行終リタルモノトス
②　少年ニシテ第七條第一項又ハ第八條第一項及第二項ノ規定ニ依リ刑ノ言渡ヲ受ケタル者假出獄ヲ許サレタル後其ノ處分取消サルルコトナクシテ假出獄前ニ刑ノ執行ヲ爲シタルト同一ノ期間ヲ經過シタルトキ亦前項ニ同シ

第十二條（假出獄の規定）
少年ノ假出獄ニ關スル規程ハ命令ヲ以テ之ヲ定ム

第十三條（勞役場留置）
少年ニ對シテハ勞役場留置ノ言渡ヲ爲サス

第十四條（資格に關する法令）
①　少年ノ時犯シタル罪ニ因リ死刑又ハ無期刑ニ非サル刑ニ處セラレタル者ニシテ其ノ執行ヲ終ヘ又ハ執行免除ヲ受ケタルモノハ人ノ資格ニ關スル法令ノ適用ニ付テハ將來ニ向テ刑ノ言渡ヲ受ケサリシモノト看做ス
②　少年ノ時犯シタル罪ニ付刑ニ處セラレタル者ニシテ刑ノ執行猶豫ノ言渡ヲ受ケタルモノハ其ノ猶豫期間中刑ノ執行ヲ終

ヘタルモノト看做シ前項ノ規定ヲ適用ス

③ 前項ノ場合ニ於テ刑ノ執行猶豫ノ言渡ヲ取消サレタルトキハ人ノ資格ニ關スル法令ノ適用ニ付テハ其ノ取消サレタル時刑ノ言渡アリタルモノト看做ス

第四章 少年審判所ノ組織

第十五條（目的）

少年ニ對シ保護處分ヲ爲ス爲少年審判所ヲ置ク

第十六條（規定）

少年審判所ノ設立、廢止及管轄ニ關スル規程ニ勅令ヲ以テ之ヲ定ム

第十七條（監督）

① 少年審判所ハ法務総裁ノ監督ニ屬ス

② 法務総裁ハ控訴院長及地方裁判所長ニ少年審判所ノ監督ヲ命スルコトヲ得

第十八條（職員）

少年審判所ニ少年審判官、少年保護司及書記ヲ置ク

第十九條（單獨制審判）

少年審判官ハ單獨ニテ審判ヲ爲ス

第二十條（行政事務）

① 少年審判官ハ少年審判所ノ事務ヲ管理シ所部ノ職員ヲ監督ス
② 二人以上ノ少年審判官ヲ置キタル少年審判所ニ於テハ上席者前項ノ規定ニ依ル職務ヲ行フ

第二十一條(少年審判官の資格)
① 少年審判官ハ判事ヲシテ之ヲ兼ネシムルコトヲ得
② 判事タル資格ヲ有スル少年審判官ハ判事ヲ兼ヌルコトヲ得

第二十二條(回避)
少年審判官審判ノ公平ニ付嫌疑ヲ生スヘキ事由アリト思料スルトキハ職務ノ執行ヲ避クヘシ

第二十三條(少年保護司)
① 少年保護司ハ少年審判官ヲ輔佐シテ審判ノ資料ヲ供シ觀察事務ヲ掌ル
② 少年保護司ハ少年ノ保護又ハ教育ニ經驗ヲ有スル者其ノ他適當ナル者ニ對シ法務総裁之ヲ囑託スルコトヲ得

第二十四條(書記)
書記ハ上司ノ指揮ヲ承ケ審判ニ關スル書類ノ調製ヲ掌リ庶務ニ從事ス

第二十五條(補助の請求)
少年審判所及少年保護司ハ其ノ職務ヲ行フニ付公務所又ハ公務員ニ對シ囑託ヲ爲シ其ノ他必要ナル補助ヲ求ムルコトヲ得

第五章　少年審判所ノ手續

第二十六條(審判權の除外)

大審院ノ特別權限ニ屬スル罪ヲ犯シタル者ハ少年審判所ノ審判ニ付セス

第二十七條（同前）

左ニ記載シタル者ハ裁判所又ハ檢察官ヨリ送致ヲ受ケタル場合ヲ除クノ外少年審判所ノ審判ニ付セス

一　死刑、無期又ハ短期三年以上ノ懲役若ハ禁錮ニ該ルヘキ罪ヲ犯シタル者

二　十六歳以上ニシテ罪ヲ犯シタル者

第二十八條（同前）

①　刑事手續ニ依リ審理中ノ者ハ少年審判所ノ審判ニ付セス

②　十四歳ニ滿タサル者ハ地方長官ヨリ送致ヲ受ケタル場合ヲ除クノ外少年審判所ノ審判ニ付セス

第二十九條（通告義務）

少年審判所ニ於テ保護處分ヲ爲スヘキ少年アルコトヲ認知シタル者ハ之ヲ少年審判所又ハ其ノ職員ニ通告スヘシ

第三十條（通告手續）

①　通告ヲ爲スニハ其ノ事由ヲ開示シ成ルヘク本人及其ノ保護者ノ氏名、住所、年齢、職業、性行等ヲ申立テ且參考ト爲ルヘキ資料ヲ差出スヘシ

②　通告ハ書面又ハ口頭ヲ以テ之ヲ爲スコトヲ得口頭ノ通告アリタル場合ニ於テハ少年審判所ノ職員其ノ申立ヲ錄取スヘシ

第三十一條（事件關係及び身上調査）

①　少年審判所審判ニ付スヘキ少年アリト思料シタルトキハ事件ノ關係及本人ノ性行、境遇、經歷、心身ノ狀況、教育ノ程

度等ヲ調査スヘシ

② 心身ノ狀況ニ付テハ成ルヘク医師ヲシテ診察ヲ爲サシムヘシ

第三十二條（保護司による調査）

少年審判所ハ少年保護司ニ命シテ必要ナル調査ヲ爲サシムヘシ

第三十三條（保護者、保護團體による事實の取調）

① 少年審判所ハ事實ノ取調ヲ保護者ニ命シ又ハ之ヲ保護團體ニ委託スルコトヲ得

② 保護者及保護團體ハ參考ト爲ルヘキ資料ヲ差出スコトヲ得

第三十四條（參考人）

① 少年審判所ハ參考人ニ出頭ヲ命シ調査ノ爲必要ナル事實ノ供述又ハ鑑定ヲ爲サシムルコトヲ得

② 前項ノ場合ニ於テ必要ト認ムルトキハ供述又ハ鑑定ノ要領ヲ錄取スヘシ

第三十五條（參考人の費用請求）

參考人ハ勅令ノ定ムル所ニ依リ費用ヲ請求スルコトヲ得

第三十六條（本人の同行）

少年審判所ハ必要ニ依リ何時ニテモ少年保護司ヲシテ本人ヲ同行セシムルコトヲ得

第三十七條（假處分）

① 少年審判所ハ事情ニ從ヒ本人ニ對シ假ニ左ノ處分ヲ爲スコトヲ得

一　條件ヲ附シ又ハ附セスシテ保護者ニ預クルコト
二　寺院、教會、保護團體又ハ適當ナル者ニ委託スルコト
三　病院ニ委託スルコト
四　少年保護司ノ觀察ニ付スルコト
②　已ムコトヲ得サル場合ニ於テハ本人ヲ假ニ感化院又ハ矯正院ニ委託スルコトヲ得
③　第一項第一號乃至第三號ノ處分アリタルトキハ本人ヲ少年保護司ノ觀察ニ付ス
第三十八條（假處分の取消變更）
前條ノ處分ハ何時ニテモ之ヲ取消シ又ハ變更スルコトヲ得
第三十九條（前三條の通知）
前三條ノ場合ニ於テハ速ニ其ノ旨ヲ保護者ニ通知スヘシ
第四十條（審判の開始）
少年審判所調査ノ結果ニ因リ審判ヲ開始スヘキモノト思料シタルトキハ審判期日ヲ定ムヘシ
第四十一條（假處分の取消）
①　審判ヲ開始セサル場合ニ於テハ第三十七條ノ處分ハ之ヲ取消スヘシ
②　第三十九條ノ規定ハ前項ノ場合ニ之ヲ準用ス

第四十二條（付添人）

① 少年審判所審判ヲ開始スル場合ニ於テ必要アルトキハ本人ノ爲附添人ヲ附スルコトヲ

② 本人、保護者又ハ保護團體ハ少年審判所ノ許可ヲ受ケ附添人ヲ選任スルコトヲ得

③ 附添人ハ辯護士、保護事業ニ從事スル者又ハ少年審判所ノ許可ヲ受ケタル者ヲ以テ之ニ充ツヘシ

第四十三條（審判期日）

① 審判期日ニハ少年審判官及書記出席スヘシ

② 少年保護司ハ審判期日ニ出席スルコトヲ得

③ 審判期日ニハ本人、保護者及附添人ヲ呼出スヘシ但シ實益ナシト認ムルトキハ保護者ハ之ヲ呼出ササルコトヲ得

第四十四條（意見の陳述）

① 少年保護司、保護者及附添人ハ審判ノ席ニ於テ意見ヲ陳述スルコトヲ得

② 前項ノ場合ニ於テハ本人ヲ退席セシムヘシ但シ相當ノ事由アルトキハ本人ヲ在席セシムルコトヲ得

第四十五條（審判の密行）

審判ハ之ヲ公行セス但シ少年審判所ハ本人ノ親族、保護事業ニ從事スル者其ノ他相當ト認ムル者ニ在席ヲ許スコトヲ得

第四十六條（終結處分）

少年審判所審理ヲ終ヘタルトキハ第四十七條乃至第五十四條ノ規定ニ依リ終結處分ヲ爲スヘシ

第四十七條（検事への送致）

① 刑事訴追ノ必要アリト認メタルトキハ事件ヲ管轄裁判所ニ對応スル檢察庁ノ檢察官ニ送致スヘシ
② 裁判所又ハ檢察官ヨリ送致ヲ受ケタル事件ニ付新ナル事實ノ發見ニ因リ刑事訴追ノ必要アリト認メタルトキハ管轄裁判所ニ對応スル檢察庁ノ檢察官ノ意見ヲ聽キ前項ノ手續ヲ爲スヘシ
③ 前二項ノ規定ニ依ル處分ヲ爲シタルトキハ其ノ旨ヲ本人及保護者ニ通知スヘシ
④ 檢察官ハ第一項又ハ第二項ノ規定ニ依リ送致ヲ受ケタル事件ニ付爲シタル處分ヲ少年審判所ニ通知スヘシ

第四十八條（訓戒）
① 訓誡ヲ加フヘキモノト認メタルトキハ本人ニ對シ其ノ非行ヲ指摘シ將來遵守スヘキ事項ヲ諭告スヘシ
② 前項ノ場合ニ於テハ成ルヘク保護者及附添人ヲシテ立會ハシムヘシ

第四十九條（學校長の訓戒）
學校長ノ訓誡ニ委スヘキモノト認メタルトキハ學校長ニ對シ必要ナル事項ヲ指示シ本人ニ訓誡ヲ加フヘキ旨ヲ告知スヘシ

第五十條（改心の誓約）
① 改心ノ誓約ヲ爲サシムヘキモノト認メタルトキハ本人ヲシテ誓約書ヲ差出サシムヘシ
② 前項ノ場合ニ於テハ成ルヘク保護者ヲシテ立會ハシメ且誓約書ニ連署セシムヘシ

第五十一條（條件附保護者引渡）
條件ヲ附シテ保護者ニ引渡スヘキモノト認メタルトキハ保護者ニ對シ本人ノ保護監督ニ付必要ナル條件ヲ指示シ本人ヲ引渡スヘシ

第五十二條（保護團體等委託）

寺院、教會、保護團體又ハ適當ナル者ニ委託スヘキモノト認メタルトキハ委託ヲ受クヘキ者ニ對シ本人ノ處遇ニ付參考ト爲ルヘキ事項ヲ指示シ保護監督ノ任務ヲ委囑スヘシ

第五十三條（保護司の觀察）

少年保護司ノ觀察ニ付スヘキモノト認メタルトキハ少年保護司ニ對シ本人ノ保護監督ニ付必要ナル事項ヲ指示シ觀察ニ付スヘシ

第五十四條（矯正院等送致）

感化院、矯正院又ハ病院ニ送致又ハ委託スヘキモノト認メタルトキハ其ノ長ニ對シ本人ノ處遇ニ付參考ト爲ルヘキ事項ヲ指示シ本人ヲ引渡スヘシ

第五十五條（虞犯少年の處分と保護者の承諾）

刑罰法令ニ觸ルル行爲ヲ爲ス虞アル少年ニ對シ前三條ノ處分ヲ爲ス場合ニ於テ適當ナル親權者、後見人其ノ他ノ保護者アルトキハ其ノ承諾ヲ經ヘシ

第五十六條（審判始末書）

少年審判所ノ審判ニ付テハ始末書ヲ作リ審判ヲ經タル事件及終結處分ヲ明確ニシ其ノ他必要ト認メタル事項ヲ記載スヘシ

第五十七條（成績報告）

少年審判所第四十八條乃至第五十二條及第五十四條ノ規定ニ依ル處分ヲ爲シタルトキハ保護者、學校長、受託者又ハ感化院、

矯正院若ハ病院ノ長ニ對シ成績報告ヲ求ムルコトヲ得

第五十八條（保護司の觀察指示）

少年審判所第五十一條及第五十二條ノ規定ニ依ル處分ヲ爲シタルトキハ少年保護司ヲシテ其ノ成績ヲ視察シ適當ナル指示ヲ爲サシムルコトヲ得

第五十九條（處分の取消）

① 少年審判所第四十八條乃至第五十四條ノ規定ニ依ル處分ヲ爲シタル後審判ヲ經タル事件第二十六條又ハ第二十七條第一號ニ記載シタルモノナルコトヲ發見シタルトキハ裁判所又ハ檢察官ヨリ送致ヲ受ケタル場合ト雖管轄裁判所ニ對応スル檢察庁ノ檢察官ノ意見ヲ聽キ處分ヲ取消シ事件ヲ檢察官ニ送致スヘシ

② 禁錮以上ノ刑ニ該ル罪ヲ犯シタル者ニ付第四條第一項第七號又ハ第八號ノ處分ヲ繼續スルニ適セサル事情アリト認メタルトキ亦前項ニ同シ

第六十條（委託費用の給付）

少年審判所本人ヲ寺院、教會、保護團體若ハ適當ナル者ニ委託シ又ハ病院ニ送致若ハ委託シタルトキハ委託又ハ送致ヲ受ケタル者ニ對シ之ニ因リ生シタル費用ノ全部又ハ一部ヲ給付スルコトヲ得

第六十一條（費用徵收）

① 第三十五條及前條ノ費用竝矯正院ニ於テ生シタル費用ハ少年審判所ノ命令ニ依リ本人又ハ本人ヲ扶養スル義務アル者ヨリ全部又ハ一部ヲ徵收スルコトヲ得

② 前項費用ノ徴收ニ付テハ非訟事件手續法第二百八條ノ規定ヲ準用ス

第六章　裁判所ノ刑事手續

第六十二條（檢事の送致）

檢察官少年ニ對スル刑事事件ニ付第四條ノ處分ヲ爲スヲ相當ト思料シタルトキハ事件ヲ少年審判所ニ送致スヘシ

第六十三條（保護處分と一事不再理）

第四條ノ處分ヲ受ケタル少年ニ對シテハ審判ヲ經タル事件又ハ之ヨリ輕キ刑ニ該ルヘキ事件ニシテ處分前ニ犯シタルモノニ付刑事訴追ヲ爲スコトヲ得ス但シ第五十九條ノ規定ニ依リ處分ヲ取消シタル場合ハ此ノ限ニ在ラス

第六十四條（調查）

① 少年ニ對スル刑事事件ニ付テハ第三十一條ノ調查ヲ爲スヘシ

② 少年ノ身上ニ關スル事項ノ調查ハ少年保護司ニ囑託シテ之ヲ爲サシムルコトヲ得

第六十五條（期日前の調查）

裁判所ハ公判期日前前條ノ調查ヲ爲シ又ハ受命判事ヲシテ之ヲ爲サシムルコトヲ得

第六十六條（假處分）

① 裁判所又ハ豫審判事ハ職權ヲ以テ又ハ檢察官ノ申立ニ因リ第三十七條ノ規定ニ依ル處分ヲ爲スコトヲ得

② 第三十八條及第三十九條ノ規定ハ前項ノ場合ニ之ヲ準用ス

第六十七條（勾留の特例）

① 勾留狀ハ已ムコトヲ得サル場合ニ非サレハ少年ニ對シテ之ヲ發スルコトヲ得ス

② 拘置監ニ於テハ特別ノ事由アル場合ヲ除クノ外少年ヲ獨居セシムヘシ

第六十八條（身分の分離）

少年ノ被告人ハ他ノ被告人ト分離シ其ノ接觸ヲ避ケシムヘシ

第六十九條（手續の分離）

少年ニ對スル被告事件ハ他ノ被告事件ト牽連スル場合ト雖審理ニ妨ナキ限リ其ノ手續ヲ分離スヘシ

第七十條（一時退廷）

裁判所ハ事情ニ依リ公判中一時少年ノ被告人ヲ退廷セシムルコトヲ得

第七十一條（裁判所の送致）

① 第一審裁判所又ハ控訴裁判所審理ノ結果ニ因リ被告人ニ對シ第四條ノ處分ヲ爲スヲ相當ト認メタルトキハ少年審判所ニ送致スル旨ノ決定ヲ爲スヘシ

② 検察官ハ前項ノ決定ニ對シ三日内ニ抗告ヲ爲スコトヲ得

第七十二條（假處分の失效）

第六十六條ノ處分ハ事件ヲ終局セシムル裁判ノ確定ニ因リ其ノ效力ヲ失フ

第七十三條（準用規定）

第四十二條、第四十三條第二項第三項及第四十四條ノ規定ハ公判ノ手續ニ第六十條及第六十一條ノ規定ハ豫審又ハ公判ノ手

續ニ之ヲ準用ス

第七章　罰則

第七十四條（出版物掲載禁止）

①　少年審判所ノ審判ニ付セラレタル事項又ハ少年ニ對スル刑事事件ニ付豫審又ハ公判ニ付セラレタル事項ハ之ヲ新聞紙其ノ他ノ出版物ニ掲載スルコトヲ得ス

②　前項ノ規定ニ違反シタルトキハ新聞紙ニ在リテハ編輯人及發行人、其ノ他ノ出版物ニ在リテハ著作者及發行者ヲ一年以下ノ禁錮又ハ千円以下ノ罰金ニ處ス

附則　本法施行ノ期日ハ勅令ヲ以テ之ヲ定ム

著者：永田三郎（ながた・さぶろう）

1874年　群馬県に生まれる
1905年　東京帝国大学卒業、司法官試補（浦和地方裁判所詰）熊谷区裁判所予備判事、山形地方裁判所判事、大阪地方裁判所検事などを歴任
1923年　大阪少年審判所審判官
1932年　大阪少年審判所長
1935年　大阪少年審判所長退任、大阪控訴院勅任検事
1940年　没

〔主要著作〕
（編著）『子を護る』（日本少年保護協会大阪支部、1935年）
（単著論文）「少年法の特質（大要）」本派本願寺社會課編『少年保護事業概説』（本派本願寺社會課、1926年）55～79頁）

解題：武内謙治（たけうち・けんじ）

1971年　熊本県に生まれる
現　在　九州大学大学院法学研究院教授

〔主要著作〕
（単著）『少年法講義』（日本評論社、2015年）、『少年司法における保護の構造——適正手続・成長発達権保障と少年司法改革の展望』（日本評論社、2014年）
（編著）『少年事件の裁判員裁判』（現代人文社、2014年）
（訳書）ドイツ少年裁判所・少年裁判補助者連合『ドイツ少年刑法改革のための諸提案』（現代人文社、2005年）

少年法講義〔復刻版〕
2015年12月30日　第1版第1刷
著　者…永田三郎
解　題…武内謙治
発行人…成澤壽信
編集人…北井大輔
発行所…株式会社現代人文社
〒160-0004　東京都新宿区四谷2－10八ツ橋ビル7階
Tel: 03-5379-0307　Fax: 03-5379-5388
Web: www.genjin.jp
E-mail: henshu@genjin.jp（編集）　hanbai@genjin.jp（販売）
発売所…株式会社大学図書
印刷所…株式会社ミツワ
装　幀…Malpu Design（清水良洋）
検印省略　Printed in Japan　ISBN978-4-87798-613-1